ACORDOS CONJUGAIS PARA PARTILHA DOS BENS COMUNS

CB018992

ESPERANÇA PEREIRA MEALHA

ACORDOS CONJUGAIS PARA PARTILHA DOS BENS COMUNS

Reimpressão da Edição de Dezembro /2003

Dissertação de Mestrado apresentada à Faculdade de Direito da Universidade de Lisboa

ALMEDINA

TÍTULO: ACORDOS CONJUGAIS PARA PARTILHA DOS BENS COMUNS

AUTOR: ESPERANÇA PEREIRA MEALHA

EDITOR: EDIÇÕES ALMEDINA. SA
Rua da Estrela, n.º 6
3000-161 Coimbra
Telef.: 239 851 904
Fax: 239 851 901
www.almedina.net
editora@almedina.net

EXECUÇÃO GRÁFICA: G.C. – GRÁFICA DE COIMBRA, LDA.
Palheira – Assafarge
3001-453 Coimbra
producao@graficadecoimbra.pt

JANEIRO, 2005

DEPÓSITO LEGAL: 200924/03

Toda a reprodução desta obra, seja por fotocópia ou outro qualquer processo, sem prévia autorização escrita do Editor é ilícita e passível de procedimento judicial contra o infractor.

Aos meus Pais e aos Quirinos.

NOTA PRÉVIA

O trabalho que ora se publica corresponde, com poucas alterações, à dissertação de Mestrado discutida publicamente na Faculdade de Direito da Universidade de Lisboa, em Julho de 2003, perante um júri composto pelo Professor Doutor José de Oliveira Ascensão, pelo Professor Doutor Guilherme de Oliveira, pelo Professor Doutor Carlos Pamplona Corte-Real, pelo Professor Doutor António Barbas Homem e pelo Professor Doutor Manuel Carneiro da Frada. A todos deixo registada uma palavra de apreço e gratidão pelas críticas e apreciações feitas.

Em especial, ao Professor Doutor José de Oliveira Ascensão agradeço a disponibilidade sempre demonstrada como orientador da dissertação. E ao Professor Doutor Manuel Carneiro da Frada agradeço o incentivo para a sua publicação.

Num momento em que já cessei as minhas funções na Faculdade, aproveito ainda para expressar o meu agradecimento ao Professor Doutor António Menezes Cordeiro e ao Professor Doutor Carlos Pamplona Corte-Real, de quem tive a honra de ser assistente.

Quero também deixar uma palavra de amizade aos colegas com quem trabalhei nos últimos tempos na Faculdade, em especial, à Mestra Adelaide Menezes Leitão, ao Mestre Guilherme Dray à Dra. Sofia Henriques e à Dra. Paula Barbosa.

Finalmente, a minha gratidão aos meus Pais, ao Quirino e ao Quirino, por todo o apoio, carinho, alegria e paciência que sempre sabem demonstrar-me.

Setembro de 2003.

ADVERTÊNCIAS E ABREVIATURAS

As primeiras referências bibliográficas feitas no texto são completas, identificando o autor, a obra, a publicação periódica (quando aplicável), a editora, o local e a data. As referências subsequentes limitam-se a mencionar o autor e o título abreviado da obra, com indicação de que já foi citado.

As citações de jurisprudência identificam o tribunal, a data da decisão, o juiz relator, e, sempre que possível, o local da publicação. Algumas referências jurisprudencias foram encontradas nas bases de dados disponíveis na internet em *www.cidadevirtual.pt/st*j e em *www.dgsi.pt.*

Os dados estatísticos foram recolhidos em publicações da especialidade, na comunicação social e no *site* do Instituto Nacional de Estatística:*www.ine.pt.*

As remissões para artigos sem menção de fonte consideram-se feitas para o Código Civil, aprovado pelo Decreto-Lei n.º 47 344, de 25 de Novembro de 1966, com as alterações posteriores. As referências a disposições legais de códigos civis estrangeiros estão feitas em itálico.

Foram utilizadas abreviaturas para designar as seguintes publicações periódicas:

ADC – Annuario de Derecho Civil
BFDUC – Boletim da Faculdade de Direito da Universidade de Coimbra
BMJ – Boletim do Ministério da Justiça
CJ – Colectânea de Jurisprudência
CJ-STJ – Colectânea de Jurisprudência – Acórdãos do Supremo Tribunal de Justiça
CTF – Ciência e Técnica Fiscal

JCP – Juris-Classeur Périodique
RDC – Rivista di Diritto Civile
RDES – Revista de Direito e de Estudos Sociais
RLJ – Revista de Legislação e Jurisprudência
RN – Revista do Notariado
ROA – Revista da Ordem dos Advogados
RT – Revista dos Tribunais
RTDC – Revue Trimestrielle de Droit Civil
RTDPC – Rivista Trimestrale di Diritto e Procedura Civile

Foram ainda utilizadas as seguintes abreviaturas:

ac. – acórdão
AAFDL – Associação Académica da Faculdade de Direito de Lisboa
al. – alínea
art. – artigo
BGB – *Bürgerliches Gezetzbuch*
CC – Código Civil
cfr. – conferir
cit. – citado
CPC – Código de Processo Civil
CRegCivil – Código do Registo Civil
CRegPredial – Código do Registo Predial
CSISD – Código da Sisa e do Imposto sobre as Sucessões e Doações
ed. – edição
FCG – Fundação Calouste Gulbenkian
i.e. – isto é
INE – Instituto Nacional de Estatística
n.º – número
OA – Ordem dos Advogados
pág.(s) – página(s)
RC – Tribunal da Relação de Coimbra
RL – Tribunal da Relação de Lisboa
s.d. – sem data
ss. – seguintes
STJ – Supremo Tribunal de Justiça

t. – tomo
v. – ver
vd. – *vide*
v. g. – *verbi gratia*
vol. – volume

I - INTRODUÇÃO

1. Introdução

Portugal ainda é um País com uma elevada taxa de nupcialidade, embora recentemente manifeste tendência para acompanhar a generalidade da Europa no abandono do matrimónio em favor da união de facto [1]. Entre 1992 e 2001 houve um decréscimo de 7 para 5,7 no número de casamentos por mil habitantes. Se na década de 1960 o número de casamentos ascendia a uma média anual de 75 000, no ano de 2000 esse número cifrou-se em 63 752, tendo baixado para 58 390 em 2001 e para 56 391 no ano de 2002 [2].

As estatísticas demonstram que cerca de 90% dos casamentos são celebrados sem precedência de convenção antenupcial [3], i.e., adoptando o regime legal supletivo da comunhão de adquiridos. A esmagadora maioria dos casamentos é, assim, potencialmente geradora de um património comum, cuja administração, dissolução e partilha é regulada por um conjunto de regras próprias que o afastam do regime geral da compropriedade.

É reconhecido que a actuação dos cônjuges ao longo da vida em comum gera, inevitavelmente, alguma confusão patrimonial, entre o património comum e os seus patrimónios próprios, fracamente resolvida por um regime de compensações, em regra só exercitável após a dissolução da comunhão. São também conhecidas as dificuldades suscitadas pela administração da comunhão e pela caracterização dos bens como próprios ou comuns.

---

[1] A evolução do estado civil entre os censos de 1991 e 2001, demonstra um acréscimo de 91,2% do número de indivíduos em união de facto – v.*Censos 2001*, Resultados Provisórios, INE, 2002, pág. XXXIX.

[2] Fontes do Instituto Nacional de Estatística (INE).

[3] V. infra n.º II – 1.

A dissolução da comunhão patrimonial, está, em princípio, sujeita ao termo incerto da dissolução do próprio casamento, que, por seu turno, está cada vez mais dependente da vontade dos próprios cônjuges, como se pode constatar pela elevada taxa de divorcialidade. Daí a relevância de permitir aos interessados a possibilidade de determinarem, por acordo, os termos da partilha a efectuar após a dissolução da sociedade conjugal, nomeadamente quando esta dissolução se anteveja num horizonte próximo.

O acordo sobre a liquidação do património comum assume ainda maior importância num quadro como o nosso, em que a tendência é para o crescimento da modalidade de divórcio por mútuo consentimento em detrimento do divórcio litigioso [4]. No entanto, a lei não parece ter reservado um espaço para que a partilha dos bens comuns seja colocada em sede de processo de divórcio por mútuo consentimento.

A autonomia contratual dos cônjuges, nesta matéria como noutras, encontra-se fortemente condicionada pelo regime legal em vigor, enraizado no princípio da imutabilidade do regime de bens, na suspeita sobre os negócios entre cônjuges e na obrigatoriedade de relegar a partilha para momento posterior à dissolução do casamento [5]. Citando GUILHERME DE OLIVEIRA [6]: «Assim, mesmo depois de os sistemas jurídicos terem dado por assente o princípio da igualdade dos cônjuges e da plena capacidade da mulher, ainda lidam mal com o estabelecimento de relações jurídicas concretas entre eles (...)», ou seja, «não está plenamente adquirido que os dois cônjuges possam manter entre si uma vida negocial como se fossem dois sujeitos jurídicos distintos.»

---

[4] Nos anos de 2000 e 2001 os divórcios por mútuo consentimento ascenderam a 86,5%, enquanto que os litigiosos representaram apenas 13,2% dos processos de divórcio – informação do INE, em www.ine.pt..., cit.

[5] Salvaguardadas as escassas situações, referidas adiante, em que a lei possibilita a alteração do regime de bens, e consequente dissolução da comunhão, na vigência do casamento.

[6] *Queremos amar-nos...mas não sabemos como!*, RLJ, Ano 133º, n.ºs 3911 e 3912, Junho-Julho 2000, pág. 44.

Apresenta-se, por isso, como um verdadeiro desafio, a definição de um espaço de autonomia contratual na regulamentação da partilha dos bens comuns.

2. Delimitação do tema

O trabalho proposto centra-se em duas questões principais:

a) As dificuldades suscitadas pela partilha dos bens comuns do casal, em grande parte emergentes da natureza e regime do património a partilhar;
b) A possibilidade de os cônjuges acordarem sobre essa partilha, em momento anterior à dissolução da comunhão conjugal, e ficarem reciprocamente vinculados aos respectivos termos.

A questão da liquidação do regime de bens não é exclusiva dos regimes de comunhão de bens, podendo colocar-se também nos casamentos celebrados no regime da separação de bens ou nos casos em que há bens detidos pelos cônjuges em compropriedade [7].

No entanto, como se verá adiante, a divisão dos bens titulados em compropriedade não deverá seguir regime diverso do regime geral, apenas porque os comproprietários são casados entre si. E nos casos de dissolução de um casamento no regime da separação de bens, apenas está em causa, para além da liquidação de dívidas comuns, a identificação de patrimónios próprios e eventuais compensações entre estes, em termos eventualmente dificultados pela vida em comum, mas tendencialmente facilitados pela inexistência de um terceiro património, de natureza comum.

Assim, optou-se por centrar o trabalho na liquidação da comunhão de bens, onde melhor se reflecte a interferência do vínculo conjugal no estatuto patrimonial dos cônjuges. Na verdade, a partilha

---

[7] V. a este propósito RITA LOBO XAVIER, *Limites à autonomia privada na disciplina das relaões patrimoniais entre os cônjuges*, Almedina, Coimbra, Janeiro 2000, pág. 627.

dos bens comuns não se resume à sua adjudicação, antes implica um conjunto de complexas operações, que passam pela reconstituição/identificação da massa de bens comuns e do passivo comum, pela efectivação de compensações entre os patrimónios próprios e o património comum, pela avaliação dos bens a partilhar.

O tema exige a análise prévia da natureza e regime da comunhão conjugal, não só porque o grau de complexidade e/ou conflitualidade na partilha dos bens comuns é fortemente determinado pelas dificuldades surgidas durante a vida da comunhão, mas também porque é o carácter especial do património comum que determina, em grande parte, os limites à autonomia privada na sua partilha.

De seguida, centrou-se o trabalho em três zonas principais, onde a lei vigente parece admitir o exercício dessa autonomia:

a) Negócios jurídicos destinados a antecipar o acordo sobre a partilha, cuja prática se generalizou entre nós, como acordos preparatórios ou simultâneos da acção de divórcio por mútuo consentimento;

b) Regulação, em sede de convenção antenupcial ou durante o casamento, de certos aspectos parciais da partilha;

c) Realização da partilha segundo um regime de bens diverso daquele que rege o casamento, para além da situação expressamente prevista no art. 1719.º

II - REGIME PATRIMONIAL ESPECIAL DO CASAMENTO

O casamento tem como consequência a alteração das regras de titularidade dos bens adquiridos pelos cônjuges, a quem, em princípio [8], é atribuída liberdade de estipulação do respectivo regime [9], através da celebração de convenção antenupcial, necessariamente anterior ao casamento e inalterável após este [10]. A aparentemente vasta liberdade contratual está, contudo, esvaziada de conteúdo pela sua escassa aplicação prática (desconhece-se quantos, entre o já escasso número de casamentos celebrados com precedência de convenção antenupcial, o terão sido sob um regime de bens atípico) e fortemente cerceada pelo princípio da anterioridade e imutabilidade do regime de bens.

Este regime, designado «regime patrimonial especial do casamento», é habitualmente contraposto aos «efeitos patrimoniais gerais do casamento», imperativamente fixados na lei e que incluem as regras de administração e disposição de bens e o regime de responsabilidade por dívidas [11].

---

[8] Excepção feita à restrição constante do art. 1699.º/2 e às duas situações em que a lei impõe o regime da separação de bens (artigo 1720.º), em termos, aliás, não isentos de crítica.

[9] À semelhança do que acontece noutros países latinos, o princípio da liberdade de convenção (artigo 1698.º) permite a criação de regimes de bens atípicos, ao contrário dos sistemas de tipicidade vigentes, por exemplo, na Alemanha ou na Suíça, que apenas possibilitam uma escolha entre os regimes previstos na lei. A este respeito vd. PEREIRA COELHO/ GUILHERME DE OLIVEIRA, *Curso de Direito da Família*, vol. I, 2.ª ed., com a colaboração de RUI MOURA RAMOS, Coimbra Editora, 2001, págs. 476 e 477; Gérard Cornu, *Les régimes matrimoniaux*, 9 édition, PUF, 1997, págs. 163 e ss.

[10] Veremos adiante as fortes críticas à manutenção do princípio da imutabilidade da convenção antenupcial e do regime de bens.

[11] Seguimos a terminologia de PAMPLONA CORTE-REAL, *Direito da Família e das Sucessões – Relatório*, Suplemento da RFDUL, LEX, 1996, pág. 87, que

Certo é, no entanto, que ao adoptar um determinado regime de bens, os nubentes estão também a submeter-se a um conjunto de regras patrimoniais gerais, pois as regras de administração e disposição de bens, assim como o regime de responsabilidade por dívidas, são diversos consoante o regime seja de comunhão ou de separação, influindo ainda, por vezes, o tipo de comunhão adoptado (a título de exemplo, cfr. os arts. 1678.º/1 e 3, 1682.º-A/1 e 2 e os arts. 1695.º/ /1 e 2 e 1691.º/1, al. *d*) e 2).

A necessidade de estabelecer um regime patrimonial próprio do casamento continua a ser defendida por larga maioria da doutrina, nacional e estrangeira, que conclui ser o casamento também uma comunhão patrimonial ou, pelo menos, uma "solidariedade material" [12], que exige um regime especialmente adaptado a essa situação.

Este regime patrimonial, entendido num sentido amplo como o conjunto das regras destinadas a regular as relações entre os cônjuges e entre estes e terceiros, no plano económico, revela alguns paradoxos interessantes [13]:

- Não obstante ser aplicável a todos os indivíduos casados é, em geral, ignorado ou mal conhecido pelos próprios interessados;
- Apesar de ter uma natureza eminentemente prática, por se destinar a resolver problemas da vida diária de um casal, a sua aplicação ao caso concreto revela-se muitas vezes complexa;
- Embora muitas vezes criticado, porque estagnado num modelo de propriedade e riqueza que não encontra correspondência na actualidade, apresenta grande longevidade e é muitas vezes cobiçado pelos unidos de facto que o desejam ver aplicado às suas relações económicas.

---

no entanto, considera a distinção "artificiosa" face à sua necessária interdependência (ob. cit., pág. 204). Outras denominações utilizadas pela doutrina podem ler-se em RITA LOBO XAVIER, *Limites à autonomia privada...*, cit., pág. 17.

[12] A expressão é de RITA LOBO XAVIER, *Limites à autonomia patrimonial...*, cit., págs. 21 e ss., onde pode ler-se uma síntese dos argumentos aduzidos, nomeadamente pela doutrina portuguesa e francesa, a favor e contra o estatuto patrimonial próprio das pessoas casadas.

1. Prevalência da comunhão de bens como regime supletivo

Genericamente, os regimes de bens podem ser comunitários, separatistas ou mistos: no primeiro caso, os bens adquiridos pelos cônjuges passam a integrar o património comum, no segundo, mantêm-se na esfera própria de cada um; e na terceira hipótese verifica-se uma combinação das duas possibilidades [14].

Em Portugal, os regimes de tipo comunitário têm-se imposto como regime-regra, uma vez que, na esteira de uma longa tradição, o legislador sempre os elegeu como regime supletivo, o qual acaba sendo aplicável à esmagadora maioria dos casamentos, por ausência de vontade expressa dos interessados.

Assim:

a) Desde as Ordenações Manuelinas que o regime da comunhão de bens (*carta de meyadade* ou *costume do reino*) foi elevado a regime supletivo para todo o reino [15];

b) O Código Civil de 1867 manteve este regime, constatando-se que, entre 1940 e 1954, cerca de 98% dos casamentos foram celebrados segundo o regime supletivo da comunhão geral de bens [16];

---

[13] No mesmo sentido, numa análise centrada no Direito Francês, v. JEAN-CLAUDE MONTANIER, *Les régimes matrimoniaux*, Presses Universitaires de Grenoble, 1992, págs. 5 e ss.

[14] Usando a dicotomia entre regimes de comunhão e regimes de separação e salientando a impossibilidade de classificar todos os regimes de bens, em virtude das muitas combinações possíveis, veja-se LACRUZ BERDEJO/ SANCHO REBULLIDA/ E OUTROS, *Elementos de Derecho Civil*, IV, *Derecho de Família*, 4.ª ed., Bosch, Barcelona, 1997, pág. 192.

[15] Estendia-se a todo o reino o costume até aí apenas generalizado no sul do país, pois a norte as práticas portuguesas estavam dominadas pelo regime de «união de bens» ou de «arras» – v. JOHN GILISSEN, *Introdução Histórica ao Direito*, Fundação Caloustre Gulbenkian, Lisboa, 1986, pág. 593; RUY DE ALBUQUERQUE e MARTIM DE ALBUQUERQUE, *História do Direito Português*, vol. I, t. II., págs. 158 e ss. Quanto à evolução histórica dos regimes matrimoniais v. também CUNHA GONÇALVES, *Tratado de Direito Civil, Em comentário ao Código Civil Portugês*, vol. VI, Coimbra Editora, 1932, págs. 283 e ss.

[16] A afirmação tem por base o quadro estatístico apresentado por G. BRAGA DA CRUZ, *Problemas relativos aos regimes de bens do casamento sobre que se*

c) Em 1965 (dois anos antes da entrada em vigor do actual Código Civil) só 1,8% dos casamentos celebrados não adoptaram o regime da comunhão geral, enquanto na vigência do actual Código apenas cerca de 7% dos casamentos não adoptam o regime da comunhão de adquiridos [17].

d) Os dados reportados ao ano de 2001 demonstram que quase 90% dos casamentos continuam a ser celebrados sem precedência de convenção antenupcial [18].

Referindo-se ao quadro descrito na vigência do Código de Seabra, Guilherme de Oliveira[19] aponta as seguintes razões explicativas deste comportamento: desinteresse, aliado à não rejeição da comunhão geral; indiferença por parte de quem chega ao casamento sem nada de seu.

É no entanto certo que, na grande maioria dos casos, não se estará perante uma escolha intencional do regime de comunhão. A experiência comum e os litígios que chegam aos tribunais demonstram que os interessados, quando alertados pela emergência de um conflito, estão muitas vezes inconformados ou desconhecem o estatuto patrimonial especial do seu casamento e as regras de administração e responsabilidade por dívidas que este acarreta.

O alheamento dos cônjuges na escolha do seu regime de bens parece verificar-se um pouco por toda a Europa. Dados estatísticos recolhidos num inquérito de opinião realizado em França durante o ano de 1979 [20] demonstram que, em 1963, a prática dos *contrats de mariage* verificava-se em apenas 25% dos casamentos, tendo decres-

---

julga necessário ouvir o parecer da Comissão Redactora do novo Código Civil, BMJ n.º 52, Janeiro de 1956, pág. 353.

[17] São os dados de Guilherme de Oliveira, *Observações sobre o regime de bens, Temas de Direito da Família, cit.*, págs. 245 e 250.

[18] São os dados das Estatísticas Demográficas fornecidas pelo INE para o ano de 2001: dos 58 390 casamentos celebrados, 50 303 adoptaram o regime da comunhão de adquiridos, 4348 o da comunhão geral e 3 739 o da separação de bens (*www.ine.pt*).

[19] *Observações sobre o regime de bens, cit. pág. 246.*

[20] Marie-Pierre Champenois-marmier/ Madeleine Faucheux, *Le mariage et l'argent*, PUF, 1981, págs. 29 e ss.

cido nos finais dos anos 70 para 18% dos casos. Nesse mesmo inquérito constatou-se que 1 em cada 5 inquiridos não sabia dizer o nome correcto do seu *régime matrimonial légal*, sendo os mais bem informados, os divorciados e os cônjuges que haviam celebrado convenção antenupcial [21].

Não se conhecem em Portugal dados que permitam fazer afirmações seguras, mas crê-se que a realização de um inquérito do mesmo tipo junto da população portuguesa levaria a conclusões idênticas quanto ao desconhecimento generalizado da população em matéria de regime de bens do casamento. Com a agravante de não ser possível, durante o casamento, corrigir a eventual «escolha» inadvertida do regime de bens.

A opção por regimes supletivos de tipo comunitário tem um forte lastro histórico e cultural, imbatível até à data, sempre prevalecendo a ideia de que a *plena comunhão de vida* em que se traduz o casamento (art. 1577.º) só será eficazmente concretizada quando aliada à comunhão patrimonial [22]. Assim, o Código Civil de 1966, embora quebrando a tradição do regime supletivo da comunhão geral de bens, substituiu-o pela comunhão de adquiridos [23], que a denominada "Reforma de 1977" [24] manteve inalterado.

---

[21] *Idem*, pág. 79.

[22] Na defesa do regime da comunhão de adquiridos como aquele que melhor se coaduna com a recíproca colaboração dos cônjuges na gestão dos seus bens e no exercício das suas actividades lucrativas leia-se ANTUNES VARELA, *Efeitos Patrimoniais do Casamento*, *Revista de Direito Comparado Luso-Brasileiro*, Ano II, n.º 3, Rio de Janeiro, Julho 1983, págs. 61 e ss.

[23] A Comissão Redactora do Novo Código Civil dividiu-se entre três soluções, todas de cariz comunitário: a) manutenção do regime de comunhão geral; b) adopção de um regime de pura comunhão de adquiridos; c) adopção de um sistema intermédio com elementos da comunhão de adquiridos e elementos da comunhão geral – v. BRAGA DA CRUZ, *O problema do regime matrimonial de bens supletivo no novo Código Civil Português*, BMJ n.º 53, 1956, págs. 173 a 204. Sobre as razões justificativas da substituição do centenário regime supletivo da comunhão geral de bens pelo regime da comunhão de adquiridos veja-se GUILHERME DE OLIVEIRA, *Observações sobre os regimes de bens, Temas de Direito da Família...*, cit. págs. 246 e ss.; e RODRIGUES BASTOS, *Direito da Família, Segundo o Código Civil de 1966*, vol. III, 1978, Livraria Petrony, págs.80 e ss.

[24] Operada pelo Decreto-Lei n.º 496/77, de 25 de Novembro, destinada a cumprir os imperativos resultantes da Constituição da República Portuguesa de

Não cabendo no âmbito deste trabalho discutir a opção legislativa sobre o regime de bens supletivo, mas sendo este regime a razão principal para a existência das questões suscitadas no presente trabalho, afigura-se útil tecer algumas considerações sobre as dificuldades suscitadas pela opção tomada.

2. Fraquezas do regime supletivo de tipo comunitário

Os regimes supletivos dos diferentes países europeus variam entre regimes de tipo comunitário, em regra, de comunhão parcial ou comunhão de adquiridos (Espanha, França, Itália, Bélgica); e os regimes separatistas, em regra acompanhados do direito de participar nos ganhos à data da dissolução do casamento (participação nos adquiridos na Alemanha, Áustria, Suíça, Grécia; e comunhão diferida nos países escandinavos).

Em Espanha e na Alemanha, o regime da separação de bens é também o regime supletivo de segundo grau, ou seja, o regime chamado a vigorar quando os cônjuges se limitam a excluir o regime supletivo principal sem optar por nenhum em concreto [25].

Não obstante a ainda patente diversidade, a tendência mais recente parece dar prevalência ao regime de participação nos adquiridos [26], por este juntar as vantagens da separação dos patrimónios e sua livre administração durante o casamento, com a necessidade de, após a

1976. Quanto ao entendimento de que não era necessário introduzir grandes alterações nos regimes de bens v. LEONOR BELEZA, *Os efeitos do casamento, Reforma do Código Civil*, Ordem dos Advogados, Instituto da Conferência, Lisboa, 1981, pág. 120.

[25] V. CARLOS-JAVIER RODRÍGUEZ GARCÍA, *Un intento de aproximación al estructuralismo jurídico acerca de los regímenes económico matrimoniales y de la sucesión «ab intestato» del cónyuge en los ordenamientos civiles Aleman y Español, Revista de la Facultad de Derecho de la Universidad Complutense*, 79, 1991-92, págs. 336 e 337.

[26] Assim conclui DIETER HENRICH, *La reforme du droit italien de la famille en ses raports avec les législations des pays européens, in La riforma del diritto di famiglia diece anni dopo*, Padova, Cedam, 1986, pág. 50.

ruptura, apurar o saldo dos adquiridos no pressuposto de uma contribuição igualitária na comunhão de vida.

Tal tendência foi seguida, nomeadamente, em Macau, na Reforma do Código Civil de 1999 [27]. Na opinião de GUILHERME DE OLIVEIRA, o direito português não ofereceria resistência a uma unificação dos regimes de bens na Europa no sentido de um regime de base separatista [28].

O nosso regime de bens supletivo, assim como as normas imperativas de direito patrimonial primário que lhe são aplicáveis, não estarão isentos de críticas, das quais se salienta:

a) A forma automática como os bens ingressam na massa comum, sem margem para que se atenda à «verdade» subjacente ou à situação concreta dos cônjuges, de que são exemplos significativos as aquisições de imóveis feitas com dinheiros próprios sem que tenha sido feita menção no documento da origem do dinheiro; ou as aquisições efectuadas durante uma separação de facto, quando por lapso ou ignorância, não é pedida a retroacção dos efeitos patrimoniais do divórcio à data da cessação da coabitação.

b) O conjunto de restrições à liberdade e capacidade para praticar actos/negócios jurídicos é excessivo e, nalguns casos, sem aparente justificação, como nos casos de consentimento do cônjuge para a alienação ou oneração de imóveis próprios ou de estabelecimento comercial próprio (arts. 1682.º a 1682.º-B) ou o seu consentimento para o repúdio de herança ou legado (art. 1683.º/2), i.e., para a prática de um negócio jurídico unilateral [29], insusceptível de acarretar encargos, uma

---

[27] Cfr. GUILHERME DE OLIVEIRA, *A Reforma do Direito da Família de Macau*, RLJ n.ºs 3901 e 3902, pág. 107. O Anteprojecto para o novo Código Civil na parte em que foi autor GONÇALVES PEREIRA continha, entre os regimes convencionais, o regime da participação nos adquiridos – *Regimes Convencionais, Anteprojecto para o novo Código Civil*, BMJ n.º 122, 1963, págs. 264 e ss.

[28] *Um direito da família europeu? (Play it again, and again...Europe!)*, RLJ, , Ano 133º, n.ºs 3913 e 3914, pág. 108.

[29] PAMPLONA CORTE-REAL, *Relatório...*, cit., pág. 40, salienta a divergência entre o regime dos n.ºs 1 e 2 do art. 1683.º e a sua sobreposição face ao regime

vez que mantém inalterada a esfera jurídica do sujeito. As razões habitualmente apontadas para justificação deste regime [30], afiguram-se insuficientes como contraponto ao cercear da autonomia privada individual na celebração de negócios jurídicos que têm por objecto bens próprios;

c) O conjunto das «ilegitimidades conjugais» [31], claramente pensado para um modelo de riqueza fundiária, está hoje ultrapassado pela importância crescente dos valores mobiliários (depósitos bancários, acções, títulos de crédito, obrigações), que, contrariamente àqueles, obedecem a um princípio de livre movimentação – que o legislador reconhece no art. 1680.º –, de informalidade e celeridade nas transacções, incompatível com as restrições à livre administração e disposição a que formalmente os cônjuges estão sujeitos [32];

d) A complexidade originada pela existência de dois patrimónios próprios e um património comum, com diferentes regras de administração e responsabilidade por dívidas, mas que inevitavelmente se confundem e misturam pela simples vivência do dia a dia, sendo certo que na falta de acordo, a separação destes patrimónios só pode ser efectuada após a dissolução da comunhão e só nessa altura, em regra, se podem actuar os mecanismos de compensação e créditos entre patrimónios;

---

sucessório, que regula a aceitação e o repúdio como negócios jurídicos unilaterais, que, além do mais – acrescentamos nós – são incondicionáveis e irrevogáveis (cfr., em especial, os arts. 2050.º, 2052.º, 2054.º e 2061.º, e os arts. 2062.º, 2064.º e 2066.º).

[30] V. Antunes Varela, *Direito da Família...*, cit., pág. 390; e Pereira Coelho/ /Guilherme de Oliveira, Curso..., cit., pág. 398.

[31] Como refere Oliveira Ascensão em *Direito Civil – Teoria Geral*, vol. I, 2.ª ed., Coimbra Editora, 2000, pág. 152, o estado de casado opera restrições funcionais na capacidade que não significam incapacidades em sentido técnico, pois estas baseiam-se numa inferioridade do incapaz e visam a protecção deste. Também Pereira Coelho e Guilherme De Oliveira, *Curso de Direito da Família*, cit., pág. 388, salientam o facto de as denominadas «incapacidades conjugais» serem verdadeiras «ilegitimidades», por resultarem de uma posição do sujeito e terem em vista a protecção dos interesses da família.

[32] Neste sentido Pereira Coelho/Guilherme de Oliveira, *Curso...*, cit., pág. 468.

Salientam-se, ainda, as dificuldades de apreensão do regime de bens supletivo, cujo complexo conjunto de normativos não torna acessível, ao *cônjuge médio*, a identificação dos patrimónios, próprios e comum.

Parece, assim, prejudicada a função social que hoje se espera da escolha do regime supletivo de bens, i.e., nas palavras de PEREIRA COELHO/GUILHERME DE OLIVEIRA, a de «(...) organizar a propriedade dos bens, dentro do casamento, de tal modo que a gestão dos bens seja fácil e igualitária»[33]. Da mesma forma, um regime complexo, com margem para interpretações divergentes e longas discussões sobre a natureza dos bens, não parece apto a apresentar-se como «(...)um regime que resolva com justiça problemas dos momentos de crise(...)»[34].

Uma última referência à sistemática do Capítulo IX do Título II do Livro IV do Código Civil: não tendo sido consagrada uma secção relativa às disposições gerais aplicáveis aos regimes de comunhão (contrariamente ao que era proposto no Anteprojecto do Código Civil da autoria de BRAGA DA CRUZ e concluído por GONÇALVES PEREIRA[35]), apresenta-se o regime supletivo da comunhão de adquiridos como o modelo da comunhão, cujas disposições são aplicáveis à comunhão geral de bens (art. 1734.º), sendo que, simultaneamente, o art. 1733.º, previsto para a comunhão geral, é aplicável à comunhão de adquiridos, por um argumento de maioria de razão e/ou analogia. Para total compreensão do regime da comunhão há, ainda, que apelar a outros dispositivos vertidos noutras secções – arts. 1685.º; 1688.º; 1689.º; 1699.º; 1719.º – sem esquecer, por último, o regime patrimonial geral, de administração de bens e responsabilidade por dívidas[36].

---

[33] *Curso...*, cit., págs. 482 e 483

[34] BRAGA DA CRUZ, *O problema do regime matrimonial...*, cit., pág.191, também referido por PEREIRA COELHO/ GUILHERME DE OLIVEIRA, ob. cit., pág. 483.

[35] *Regimes Convencionais...*,cit., págs. 223 e ss.

[36] O Anteprojecto para o novo Código Civil da autoria de G. BRAGA DA CRUZ continha uma secção com as *disposições gerais* dos regimes de comunhão, da qual constavam preceitos semelhantes aos actuais artigos 1723.º, 1726.º a 1728.º, 1730.º, 1731.º e 1733.º – *Regime de bens...*, cit., págs. 214 a 219.

A bondade da escolha de um regime supletivo de bens de tipo comunitário é periodicamente questionada por alguns autores, sem que, no entanto, se tenha formado uma corrente no sentido da mudança. É que às críticas ao regime da comunhão de adquiridos, logo se contrapõem as críticas aos regimes separatistas, no entendimento de que «a comunhão de vida a que os cônjuges estão juridicamente obrigados é, de certo modo, incompatível com a absoluta separação dos respectivos patrimónios»[37].

A afirmação de que a comunhão patrimonial é um regime mais justo porque mais consentâneo com a comunhão de vida não é uma verdade absoluta: será assim se a evolução do património comum for o reflexo adequado da contribuição dos membros do casal, mas já não quando resulte de créditos do património próprio sobre o património comum ou quando esteja construída com base no locupletamento de um cônjuge sobre o outro.

Da mesma forma, um regime de tipo separatista pode traduzir, ou não, à data da dissolução do casamento, a "verdade" do esforço despendido pelos cônjuges, contudo, durante a vigência do casamento os interessados tiveram maior liberdade para acertar a conta corrente entre os seus patrimónios próprios, e à data da dissolução do casamento continuam a dispor de mecanismos para evitar o enriquecimento injustificado de um à custa do outro.

A contitularidade de bens e a comunhão patrimonial nem sempre se confundem, porque esta pode existir sem aquela, e a primeira não conduz necessariamente à segunda. Ainda que se considere que a opção por um determinado regime de bens não tem uma «influência notória sobre a Família, quer para a fortalecer, quer para a enfraquecer»[38], não se pode ignorar que as últimas décadas demonstram uma evolução social e modificações no próprio regime do casamento que, em nosso entender, impõem a ponderação do regime supletivo de bens à luz destes novos vectores.

---

[37] Rita Lobo Xavier, *Limites...*, cit., págs. 443 e ss. Esta autora entende que o regime da comunhão de adquiridos é, no essencial, adequado às exigências de uma "comunhão de vida na igualdade" – *idem*, págs. 629 e 637.

[38] *Observações sobre os regimes de bens*, *Temas de Direito da Família*, cit. pág. 253.

Como é salientado por Diogo Leite de Campos[39], a dissolubilidade do casamento está largamente colocada à disposição dos próprios interessados, facto que devia conduzir ao afrouxamento dos laços jurídicos entre os cônjuges, através da eliminação dos bens comuns e dos poderes de administração também comuns. Conclui aquele autor que «os sistemas de comunhão não são necessários para promover a unidade do casal e constituem graves factores de perturbação nos períodos que precedem a dissolução do vínculo conjugal».

De facto, a comunhão de vida (e o consenso nas decisões) tende a estabelecer-se entre os cônjuges unidos, independentemente da titularidade dos bens; e, uma vez posta em causa essa união, não se têm revelado úteis as restrições legais à liberdade individual de cada um, pelo contrário, a necessidade de consentimento do cônjuge e o ingresso automático na massa de bens comuns dos bens adquiridos pelos cônjuges, são entraves bem conhecidos à vida económica dos cônjuges desavindos, especialmente, quando separados de facto.

O repensar do regime de bens supletivo deve ainda ter em linha de conta outras duas questões, a que já se aludiu.

Primeiro, não pode deixar de atender-se a uma certa desactualização de um regime de contitularidade de bens histórica e socialmente assente no paradigma do casamento onde apenas o homem contribuía para o sustento da família, sendo ele mesmo que, naturalmente, assumia a direcção do casal e do seu património. Os estudos mais recentes sobre a família portuguesa demonstram que parece predominar o modelo do casal com "dupla profissão", continuando, no entanto a revelar-se uma evidente sobrecarga da mulher com o trabalho doméstico [40]. Mas a verdade é que a expressão desse trabalho

---

[39] *Lições de Direito da Família e das Sucessões*, 2.ª ed., Almedina, 2001, pág. 424 e págs. 409 e 410 para uma perspectiva histórica da ligação entre o regime de bens supletivo e a possibilidade de dissolver o casamento por divórcio.

[40] São as conclusões de Sofia Aboim/ Karin Wall a partir da análise de dados de um inquérito realizado em 1999 a uma população de «casais com filhos» – *Tipos de família em Portugal: interacções, valores, contextos*, *Análise Social, Revista do Instituto de Ciências Sociais da Universidade de Lisboa, Famílias*, vol. XXXVII, n.º 163, Verão 2002, págs. 481 e ss.

invisível na justiça distributiva entre os cônjuges, talvez seja melhor tutelada na *saída* do casamento, quando a questão verdadeiramente se coloca. Resta ainda saber até que ponto a tantas vezes apontada «bicefalia direccional da família»[41], o princípio da igualdade e a hodierna predominância da realização individual, encontram eco numa comunhão patrimonial indivisível, imodificável por vontade dos próprios, mas continuamente sujeita a modificações *ope legis*, que escapam à vontade dos mesmos.

Em segundo lugar, mas não menos importante, é a necessidade de retirar consequências dos dados estatísticos a respeito do desinteresse dos cônjuges pela escolha (ou sequer mero conhecimento) do regime de bens do casamento, aliado à relativa complexidade do regime que se apresenta como supletivo. A escolha de um regime supletivo de índole tendencialmente separatista tem, por um lado, a vantagem da maior simplicidade[42] e maior proximidade ao regime geral da titularidade de bens e direitos. E, por outro, obrigaria a uma maior ponderação por parte dos interessados, desde logo porque a titularidade dos bens ficaria totalmente dependente das suas declarações de vontade. Ponderação que também estaria subjacente à opção dos nubentes por um regime de tipo comunitário, porque resultante de uma vontade expressa, logo mais consciente e esclarecida.

Certo é, todavia, que mesmo num regime de índole separatista há que atender ao peso da relação jurídica familiar subjacente, que não dispensa um conjunto mínimo de regras impostas pela especial proximidade dos patrimónios de duas pessoas em comunhão de vida. Pense-se, designadamente, nas presunções de compropriedade de bens móveis, no estatuto especial da casa de morada de família e na necessidade de proteger interesses de terceiros, através do regime de responsabilidade por dívidas.

Além do mais, partindo do pressuposto que o casamento implica esforço e colaboração mútuas, confusão patrimonial e eventuais sacri-

---

[41] PAMPLONA CORTE-REAL, *Relatório...*, cit., pág. 34.

[42] PAMPLONA CORTE-REAL, *Relatório...*, cit., págs. 89 e 90, chama a atenção para a maior simplicidade e pragmatismo dos regimes de bens separatistas em confronto com a minúcia e, consequente, complexidade dos regimes comunitários.

fícios (económicos ou outros) de parte a parte, quando ocorre a dissolução do casamento, há de facto a necessidade de procurar mecanismos de correcção de eventuais injustiças, que evitem o enriquecimento de um dos cônjuges à custa do outro [43]. Mas na vigência do casamento a preocupação do legislador pode estar concentrada na contribuição para os encargos da vida familiar, relegando para a autonomia privada a determinação da titularidade dos bens.

O regime de participação nos adquiridos é uma das soluções encontradas noutros ordenamentos que procura combinar as principais vantagens do regime separatista com a grande vantagem da comunhão. Chegou a ser colocado como hipótese nos trabalhos preparatórios do Código Civil de 1967, mas na altura foi considerado um «salto demasiado brusco» [44]. As mudanças entretanto ocorridas oferecem terreno para um repensar do problema.

Finalmente, e qualquer que seja o regime de bens supletivo previsto na lei, a principal alteração que parece impor-se é a da introdução de mecanismos de alerta e maior divulgação dos regimes de bens junto dos próprios nubentes.

3. Imutabilidade do regime de bens

A vastidão do tema, profusamente tratado por todos os autores da especialidade, não aconselha a mais do que uma abordagem sintética no âmbito do presente trabalho. Estamos, hoje, praticamente

---

[43] O Supremo Tribunal de Justiça não tem encontrado dificuldades na aplicação do instituto do enriquecimento sem causa às deslocações patrimoniais injustificadas ocorridas entre cônjuges, casados no regime da separação de bens. V. o Ac. STJ de 07-06-2001 (Abílio de Vasconcelos) em *www.dgsi.pt/jstj.nsf/954f...*

[44] Braga da Cruz, *O problema do regime matrimonial...*, cit, págs. 175 e 176, que também salientou que a atribuição à mulher do direito de administrar os seus bens próprios seria «letra morta da lei», conjuntura hoje claramente ultrapassada. Mantêm-se, no entanto, as dificuldades de liquidação que este regime suscita. Neste sentido v. Pamplona Corte-real, *Relatório...*, cit., pág. 89.

isolados numa tradição que dominou os países ditos latinos [45], sendo a abolição deste princípio entendida, quase por unanimidade, como uma das alterações necessárias ao direito patrimonial da família [46].

As razões que o fundamentaram assentam em dois *receios* sobejamente conhecidos: ascendência psicológica de um cônjuge sobre o outro e prejuízo para os interesses de terceiros [47]. Dispensa-se a enumeração dos muitos argumentos apontados contra a manutenção de tal princípio nos termos rígidos em que actualmente está consagrado que, além do mais, revela escassa eficácia na defesa dos citados *receios* [48].

---

[45] Sobre a passagem à mutabilidade em França, na Bélgica, em Itália e Espanha v. JÚLIO GOMES, *Modificações do regime matrimonial: Algumas observações de direito comparado*, RN 1987/3 (Julho – Setembro), n.º 29, págs. 321 a 393 e RN 1987/4 (Outubro – Dezembro), n.º 30, págs. 475 a 555. V. também as muitas referências à mutabilidade do regime de bens em ordenamentos estrangeiros em RITA LOBO XAVIER, *Limites...*, cit., *passim*. A regra da mutabilidade foi mais recentemente adoptada em Macau, enquadrada num conjunto de alterações destinadas a agilizar a vida negocial entre os cônjuges – v. GUILHERME DE OLIVEIRA, *A reforma do Direito da Família em Macau*, cit., pág. 107.

[46] GUILHERME DE OLIVEIRA, *O Direito da Família, Temas de Direito da Família...*, cit., pág. 198. incluiu-a entre um conjunto de situações «envelhecidas» que devem merecer a atenção do legislador. Espera-se não ser necessário aguardar uma eventual futura *convergência* europeia nesta matéria – ainda GUILHERME DE OLIVEIRA, *Um direito da família europeu?...*, cit., pág. 109.

[47] Na preparação do Código Civil 1967 foram aduzidas outras duas considerações: o carácter de pactos de família que assumem as convenções antenupciais e o forte enraizamento numa tradição própria dos países latinos – cfr. BRAGA DA CRUZ, *Problemas relativos...*, cit., pág. 343; PIRES DE LIMA/ANTUNES VARELA, Código Civil ..., vol. IV, cit., pág. 397. Na vigência do Código de Seabra este princípio acautelava principalmente a proibição das doações entre casados – v. PIRES DE LIMA/BRAGA DA CRUZ, *Direitos de Família*, 3.ª ed., vol. II, Coimbra Editora, 1953, pág. 79. Para uma síntese do pensamento sobre esta matéria antes da entrada em vigor do actual Código v. RITA LOBO XAVIER, *Limites à autonomia...*, cit., págs. 120 e ss.

[48] São muitas as vozes críticas: CUNHA GONÇALVES, *Tratado...*, vol. VI, cit., págs. 294 e ss; PAMPLONA CORTE-REAL, *Relatório...*, cit., págs. 34, 87 e 113 e ss.; PEREIRA COELHO/GUILHERME DE OLIVEIRA, *Curso...*, cit., págs. 488 e ss.; LEITE DE CAMPOS, *Lições...*, cit., pág. 385; JÚLIO GOMES, *Modificações...*, cit., em especial págs. 546 e ss.; RITA LOBO XAVIER, *Limites...*, cit., págs. 139 e ss. identifica três

A rigidez da imutabilidade do regime de bens, que também significa a sua necessária anterioridade[49], origina, além do mais, restrições à liberdade de escolha do regime de bens que, aparentemente, não encontram justificação nas razões que fundamentam o princípio. Será o caso do menor que casa sem autorização dos representantes legais, ficando, consequentemente, impossibilitado de celebrar convenção (art. 1708.º/2). Todavia, atingida a maioridade e cessadas as sanções económicas previstas no art. 1649.º, não se vê razão para negar aos cônjuges autonomia contratual para estipularem o regime de bens que lhes aprouver, até porque esta situação não se inclui entre os casos de regime imperativo de bens. Será também o caso em que ocorra uma invalidade da convenção, que dá lugar à aplicação do regime supletivo (1717.º) sem qualquer possibilidade de manifestação de vontade por parte dos cônjuges, que assim se encontram casados num regime de bens não escolhido. Ou seja, como salienta PAMPLONA CORTE-REAL, a invalidade do contrato acessório do casamento não afecta o próprio casamento, defraudando «legítimas expectativas dos esposados de boa-fé em termos de projecto de vida familiar»[50].

Nas situações citadas, afigura-se sem fundamento a restrição à liberdade contratual, que resulta apenas da rigidez temporal na fixação de um único momento para a escolha do regime de bens.

As razões que abonam em favor da modificabilidade do regime de bens, foram também já muitas vezes realçadas e, em geral, correspondem a um anseio legítimo dos cônjuges de adaptar o seu estatuto

---

argumentos principais que têm fundamentado o abandono da imutabilidade: actual falta de justificação dos receios que fundamentaram a imutabilidade; a necessidade de os cônjuges adaptarem o seu estatuto patrimonial à variação dos seus interesses concretos; a ineficácia do princípio perante as denominadas transferências encobertas de bens entre cônjuges. Para esta autora a imutabilidade explica-se como manifestação de um princípio mais geral do ordenamento, o princípio da equidade que visa impedir a ocorrência de enriquecimentos injustificados entre os cônjuges, entendendo, no entanto, que tais objectivos podem ser atingidos por outros meios (ob. cit., págs. 128, 177 e *passim*).

[49] PAMPLONA CORTE-REAL, *Relatório...*, cit., pág. 87.

[50] *Relatório...*, cit., pág. 34.

patrimonial às necessidades e situações que se colocam ao longo da sua vida em comum [51].

Em suma, o problema colocado pela imutabilidade não é apenas a desadequação do princípio em si mesmo, perante a evolução do casamento e do papel que nele desempenham os cônjuges, nomeadamente pela afirmação da sua igualdade jurídica [52], mas também o que a imutabilidade significa em termos de restrição à autonomia privada dos cônjuges. Sempre que os interesses tutelados pela imutabilidade possam ser acautelados de forma diversa ou pareçam ultrapassados pela evolução social, apresenta-se injustificada essa restrição à liberdade patrimonial dos cônjuges.

Na certeza, porém, que a modificação do regime de bens não está isenta de problemas, sempre será aconselhável evitar saltos bruscos, iniciando-se a reforma por um regime de mutabilidade controlada [53].

As várias experiências estrangeiras revelam-nos que os pontos estruturais do sistema de mutabilidade, sobre os quais o legislador tem de tomar posição, são: *a)* os requisitos ou pressupostos da modificação do regime (se a mudança deve estar subordinada a pressupostos, ainda que traduzidos numa cláusula aberta, ou depender apenas da vontade dos cônjuges); *b)* o momento em que a modificação é possível, (se a todo o tempo ou com estipulação de períodos de carência); *c)* a existência, ou não, de controlo, judicial ou adminis-

---

[51] Necessidade há muito identificada – v., por todos, SAVATIER, *De la portée et de la valeur du principe de l'immutabilité des conventions matrimoniales*, RTDC, *Année* 1921, t. 20, págs. 93 e ss.

[52] Esta igualdade é pouco compatível com o receio de ascendente psicológico que continua a justificar a imutabilidade e a proibição de certos contratos entre cônjuges. Sobre como a igualdade jurídica deve conduzir à abertura da possibilidade de pactos e contratos entre cônjuges v. PEDRO ALBUQUERQUE, *Autonomia da vontade e negócio jurídico em Direito da Família*, CTF n.os 328/ /330 e 331/333, 1986, págs. 66 e ss.

[53] Sobre alguns problemas derivados da mutabilidade do regime de bens v. JEAN-CLAUDE MONTANIER, *Les régimes matrimoniaux*, cit., pág.s 87 e ss.; MARTY, GABRIEL/ RAYNAUD, PIERRE, *Les régimes matrimoniaux*, 2.ª ed., Sirey, Paris, 1986, págs. 121 e ss.

trativo, sobre os pressupostos formais e /ou substantivos da alteração; *d)* a extensão permitida às mudanças (desde as alterações em bens concretos ou no próprio regime até à mudança completa de regime; *e)* a fixação do *processo* de mudança.

Pacífica parece ser a necessidade de acautelar interesses de terceiros, através de um sistema de publicidade adequado e impedindo qualquer retroactividade das alterações [54].

Todavia, enquanto tarda a aparentemente inevitável abolição (ou pelo menos, forte restrição) do princípio da imutabilidade, haverá que continuar a aplicar as normas imperativas dele emergentes. Sendo inequívoco que do n.º 1 do art. 1714.º emerge a proibição de alterar as regras (legais ou convencionais) inicialmente escolhidas para regularem as relações patrimoniais de um casal, a doutrina não é unânime quanto à extensão dessa proibição à modificação do estatuto concreto dos bens: ou significa a proibição de todos os negócios jurídicos que impliquem uma modificação na composição das massas patrimoniais [55]; ou, pelo contrário, a proibição dos negócios jurídicos sobre bens concretos não decorre do n.º 1 do preceito, mas antes é limitada à proibição de certos negócios entre cônjuges, previstos no seu n.º 2 [56].

Como se verá, a questão não releva directamente para a discussão da validade dos negócios antecipados de partilha dos bens comuns, não só pela sua componente condicional, que implica a manutenção da situação até à dissolução do casamento, mas também, e principalmente, porque que com aqueles se pretende regular os efeitos da

---

[54] Sobre as dificuldades suscitadas na protecção de credores v. Guilarte Gutiérrez, *Impugnación de capitulaciones matrimoniales en fraude de acreedores*, Tecnos, 1991, com citação de várias decisões do *Tribunal Supremo* e da *Dirección General de Los Registros y del Notariado.*

[55] Entendimento seguido por Pires de Lima/Antunes Varela, *Código Civil...*, vol. IV, cit., págs. 399 e ss.; Rita Lobo Xavier, *Limites...*, cit., por exemplo a págs. 133, 135, 176.

[56] Assim Pereira Coelho/Guilherme de Oliveira, *Curso...*, cit., págs. 490 e ss. Posição já anteriormente defendida por Pereira Coelho, *Curso de Direito da Família*, I – *Direito matrimonial*, t. 2.º, UNITAS, Coimbra, 1969, pág. 102. Considerando que a imutabilidade não significa a manutenção rígida dos bens num certo estatuto de propriedade v. Leite de Campos, *Lições...*, cit., pág. 384.

dissolução do regime matrimonial e não uma qualquer alteração a este regime [57].

3.1. *Convenção antenupcial sujeita a termo ou a condição*

O art. 1713.º contém uma previsão aparentemente inusitada num regime de imutabilidade: «É válida a convenção sob condição ou a termo» [58]. A norma foi introduzida no Código Civil de 1967, pondo termo a uma antiga querela em torno desta possibilidade [59]. A maioria dos autores considerava ambas as situações admissíveis [60]; no entanto, podia entender-se tal possibilidade restrita ao termo, em função da ideia de protecção de terceiros [61].

---

[57] Cfr. infra n.º V – 2.3.

[58] A convenção a termo ou sob condição, anteriormente muito discutida em Espanha, é pacificamente admitida desde a abolição do princípio da imutabilidade – cfr. LACRUZ BERDEJO e OUTROS, *Derecho de familia*, cit., pág. 225. Compare-se com o ordenamento jurídico francês onde persiste um regime de mutabilidade controlada, e em que, apesar da inexistência de norma que expressamente a proíba, a estipulação de dois regimes de bens sucessivos, através da introdução de um termo, é considerada nula. Os autores já não são tão unânimes na condenação da estipulação sob condição – cfr. ANDRE COLOMER, Droit Civi, *Les régimes...*, cit., págs. 178 e 179; e PHILIPPE MALAURIE, *Les régimes matrimoniaux*, 4 ed., Éditions Cujas, 1999, pág. 112. Este último, citando jurisprudência contraditória, levanta ainda a questão da validade do *contrat de mariage* com cláusula alternativa, i.e., que preveja um regime de bens para o caso de o casamento se dissolver por morte e outro para a situação de dissolução por divórcio.

[59] V. BRAGA DA CRUZ, *Problemas relativos aos regimes de bens...*, cit., pág. 345.

[60] Assim considerava PAULO CUNHA, para quem a certeza e unidade do regime de bens não eram corolário da imutabilidade da convenção antenupcial (*Direito da Família*, Lições coligidas pelos alunos Raúl Ventura, Raúl Marques e Júlio Salcedas, Lisboa, 1941, págs. 624 e 640 e ss.). No mesmo sentido PIRES DE LIMA/ BRAGA DA CRUZ, *Direitos de Família*, cit., págs. 86 e ss.; CUNHA GONÇALVES, *Tratado...*, vol. VI, cit., págs. 296 e ss.; ABRANCHES FERRÃO, FILHO, *Direitos de Família*, Imprensa Beleza, 1927, pág. 93.

[61] Foi o entendimento inicialmente defendido por PIRES DE LIMA, que admitia o termo com base na possibilidade de uma sucessão de regimes de bens

A convenção sob condição tinha entre nós alguma tradição, sendo frequente [62] que os nubentes previssem a modificação do regime de bens para o caso de nascerem filhos (em regra, estipulava-se a passagem do regime de separação de bens para o da comunhão geral, como forma de protecção do cônjuge sobrevivo). Caso distinto, porque não constituía mudança condicionada do regime de bens, era a previsão de que a partilha se faria segundo o regime da comunhão geral, no caso de haver descendentes comuns à data da dissolução do casamento por morte, e que veio a obter consagração no art. 1719.º/1 [63].

O actual art. 1713.º contém, assim, uma ampla permissão para modificar o regime de bens ao longo do casamento [64], apenas com uma dificuldade: a modificação tem de ser declarada *ab initio* na convenção antenupcial, o que, naturalmente, restringe o interesse prático na aplicação da norma. Novo paradoxo num sistema que não permite a adaptação do regime de bens às concretas necessidades e mutações da vida conjugal, mas que admite a previsão de uma ampla sucessão de regimes a termo, independentemente de quaisquer razões justificativas da mudança [65].

---

no casamento, pré-determinada e com data certa, logo não proibida pelo art. 1105 do Código de Seabra que apenas vedava a celebração de nova convenção, mas que não considerava a possibilidade extensível à condição, em virtude da permanente incerteza que origina – v. PAULO CUNHA, ob. cit., págs. 638 e ss. Sobre as razões da divergência de entendimentos v. PEREIRA COELHO, *Curso...*, cit., pág. 110 e ss.

[62] A frequência das convenções sob condição deve ser entendida de forma relativa, dada a escassez, desde sempre constatada, das próprias convenções (cfr. supra n.º II – 1).

[63] V. infra n.º VII.

[64] No sentido de que o conteúdo da convenção é inalterável, mas que é o próprio conteúdo a prever modificações, através da condição ou do termo v. CASTRO MENDES, *Direito da família*, cit., pág. 176.

[65] No que respeita à convenção a termo, não se vê como invalidar uma cláusula que preveja uma mudança quinquenal ou até anual do regime de bens, embora se admita a hipótese como meramente académica, perante as dificuldades que tal alteração acarretaria para a vida dos próprios cônjuges.

Da admissibilidade da convenção a termo ou sob condição retira-se a prova de que a mudança do regime de bens durante o casamento não é um fenómeno que, em si mesmo, repugne ao legislador. A imutabilidade assenta tão só nos dois *receios* acima indicados. Ora, uma vez caducos tais receios ou ultrapassados por outro modo, nada parece sustentar a manutenção do art. 1714.º na sua redacção actual.

III - REGIME DA COMUNHÃO CONJUGAL DE BENS

1. Propriedade «indivisa» e «indivisível»

A comunhão conjugal tem um regime que a afasta do figurino da comunhão geral, de inspiração romana, consagrada no nosso Código a propósito da compropriedade (artigos 1403.º a 1413.º, aplicáveis à «comunhão de quaisquer outros direitos») [66].

A nossa compropriedade mantém os traços essenciais da *communio juris romani* [67]: individualidade dos participantes traduzida em quotas (arts. 1405.º e 1406.º); liberdade de alienação (art. 1408.º) e transitoriedade da situação de comunhão, sempre dependente do não exercício da faculdade de pedir a divisão (art. 1412.º).

A comunhão conjugal, por seu turno, é frequentemente apontada como um dos exemplos da comunhão germânica subsistente nos nossos dias, quer no Direito português quer em ordenamentos estrangeiros [68]: a *gemeinschaft zur gesamten Hand* (comunhão em mão colectiva ou em mão reunida) terá tido por base a comunhão de vida entre os participantes, com origem no direito familiar germânico, que

---

[66] MENEZES CORDEIRO, *Direitos Reais*, I vol., INCM, 1979, pág. 622, chama a atenção para o facto de o Código, por estar privado de uma parte geral dos direitos reais, ter de incluir as normas gerais dirigidas à contitularidade de diversos direitos reais sob o título da propriedade. Aliás, aplicáveis também à contitularidade «de quaisquer outros direitos» (HENRIQUE MESQUITA, *Direitos Reais*, Coimbra, 1967, pág. 215).

[67] V. LUÍS PINTO COELHO, *Da compropriedade no Direito Português*, Lisboa, Oficinas de S. José, 1939, págs. 4 e ss.

[68] A par da comunhão hereditária e do património das sociedades civis não personificadas. Assim, HENRIQUE MESQUITA, *Direitos Reais*, cit., pág. 216, e CARVALHO FERNANDES, *Lições de Direitos Reais*, 2.ª ed., *Quid Juris*, Lisboa, 1997, pág. 325.

se distinguia pela inexistência de quotas e pela impossibilidade de pedir a divisão, e por isso, mais estável e duradoura [69].

O regime da comunhão conjugal estará marcado pela perenidade da instituição familiar do casamento (cada vez menos reflectida na realidade actual); enquanto que as regras da comunhão vulgar ou compropriedade terão subjacente o entendimento de que as situações de contitularidade de direitos reais devem ser transitórias, por não corresponderem à melhor forma de exploração económica dos bens [70] e serem potencialmente geradoras de conflitos.

A singularidade da figura da comunhão conjugal é bem ilustrada pela profusão de teorias construídas em torno da sua natureza jurídica [71].

Na linha das denominadas teses societárias, encontramos, num extremo, autores que defendem a existência de um sujeito de direito distinto dos cônjuges, a quem caberia a titularidade dos bens comuns[72]. Outros falam numa sociedade civil com personalidade

---

[69] Luís Pinto Coelho, *Da compropriedade...*, cit., págs. 7 e ss.

[70] Assim Antunes Varela, *Direito da Família*, 1.º vol., 4.ª ed., Livraria Petrony, 1996, pág. 453.

[71] Para uma breve síntese das muitas posições jurídicas nesta matéria pode ler-se Eduardo dos Santos, *Direito da Família*, Almedina, 1999, págs. 304 e ss., que divide as teorias da comunhão em três grupos: teorias do património, teorias da sociedade civil e teorias da instituição peculiar ou instituição *sui generis*, que este A. adopta ao considerá-la uma comunhão especial do direito da família, distinta de qualquer outra.

[72] É a posição, minoritária, de alguns autores italianos – v. referências em Andrea Fusaro, *Il regime patrimoniale della famiglia*, Padova, Cedam, 1990, pág. 218. Em França, os AA. são quase unânimes na rejeição da tese da personificação, excepção feita a Jean Carbonnier. Para uma síntese das posições da doutrina francesa, veja-se Gérard Cornu, *Les regime matrimoniaux*, cit., págs. 245 e ss. Oliveira Ascensão, *Direito Civil, Teoria Geral*, vol. I, cit., pág. 254 e *Direito Civil, Reais*, 5.ª ed., Coimbra Editora, 2000, pág. 270, afasta liminarmente a atribuição de personalidade jurídica à família, em termos que consideramos irrefutáveis à luz da nossa lei. V. ainda do mesmo A., *Direito Civil, Teoria Geral...*, vol. I, cit., págs. 251 e ss., onde se analisa o fenómeno da personalização, numa trajectória que tem início na mera comunhão ou contitularidade de direitos e que culmina na personalidade. Em defesa da aproximação da *sociedad de gananciales* às regras do contrato de sociedade veja-se Lacruz Berdejo e Outros, *Derecho de Familia...*, cit., págs. 279 e ss

«atenuada» ou então um sujeito de direito não personificado, constituído pelo conjunto formado pelos cônjuges, que em si mesmo seria um centro unitário de imputação de situações jurídicas [73].

As denominadas teorias do património entendem a comunhão como património separado (embora não totalmente autónomo) porque sujeito a um regime e a uma responsabilidade distintos dos outros bens dos cônjuges [74]; outros salientam-no como património de destinação, afecto aos fins da família [75].

A maioria dos autores continua a aceitar a tese da propriedade colectiva (inspirada na *gesamte hand* germânica), como melhor explicação para a inexistência de quotas e impossibilidade de dispor da meação [76]. Outros, no entanto, consideram que esta tese deve ser

---

[73] Esta posição é defendida por MIRANDA GIONFRIDA DAINO, *La posizione dei creditori nella comunione legale tra coniugi*, Padova, Cedam, 1986, págs. 26 e ss.. Na linha das teses societárias, CUNHA GONÇALVES entendia que a doutrina da sociedade conjugal, sociedade com características próprias, era a única capaz de explicar o regime da comunhão, bem como qualquer outro dos regimes matrimoniais (*Tratado de Direito Civil...*, vol. VI, cit. pág. 334).

[74] OLIVEIRA ASCENSÃO considera que é no caso dos patrimónios colectivos (que estão na titularidade simultânea de várias pessoas) que mais interessa a figura da autonomia patrimonial, embora saliente que na comunhão conjugal não há autonomia patrimonial perfeita (*Direito Civil, Teoria Geral*, vol. III, 2002, págs. 127 e 128). A natureza autónoma do património comum dos cônjuges é também salientada em Espanha por JOSÉ LUIS DE LOS MOZOS, *La nueva sociedad de gananciales, Estudos em Homenagem ao Prof. Doutor A. Ferrer Correia*, II, BFDUC, Coimbra, 1989, págs. 698 e ss. Para este A. a ideia de *comunidad en mano común* é correcta, mas imprecisa e insuficiente para caracterizar a natureza da *sociedad de gananciales*.

[75] As teorias do património têm forte adesão entre os autores italianos – v. a descrição de MIRANDA GIONFRIDA DAINO, ob. cit., pág.s 18 e ss. Na defesa de uma *comunione di scopo* v. também MICHEL FRAGALI, *La comunione*, t.I, *Trattato di Diritto Civile e Commerciale*, vol. XIII, t.I, Milano, Dott., 1973, págs. 124 e ss.

[76] Entre nós, a aproximação à propriedade colectiva de inspiração germânica é defendida por PAMPLONA CORTE-REAL, *Relatório...* cit., pág. 36; PEREIRA COELHO/ GUILHERME DE OLIVEIRA, *Curso...*, cit., pág. 506; CASTRO MENDES, *Direito da Família*, ed. revista por MIGUEL TEIXEIRA DE SOUSA, AAFDL, 1990/1991., pág. 126; PIRES DE LIMA/ANTUNES VARELA, *Código Civil...*, vol. IV.cit., pág. 437; MOTA PINTO, *Teoria Geral do Direito Civil*, 3.ª ed., Coimbra Editora, 1996, pág. 351. Na vigência

abandonada, enquadrando-se a comunhão conjugal na compropriedade (de inspiração romana), sem prejuízo das suas características próprias, i.e., uma compropriedade apenas divisível nos casos previstos na lei [77], em que a meação dos cônjuges corresponderia a uma quota, individualmente inalienável [78].

A citada teoria da propriedade colectiva merece, também, a adesão da jurisprudência portuguesa. São ilustrativos os seguintes arestos:

- Ac. do Tribunal Constitucional n.º 14/2000, de 11-01-2000 [79]: *salienta a diferença de regime quanto aos meios de defesa ao dispor do cônjuge, por um lado, e dos titulares de outros patrimónios comuns, por outro, resultante do disposto nos artigos 825.º, 826.º e 910.º do Código de Processo Civil, em termos que aquele Tribunal não considerou contrários ao princípio da igualdade.*
- Ac. da RC de 26.02.1991 (Carlindo da Costa) [80]: *conclui que «a posse exercida por qualquer dos cônjuges sobre um bem pertencente ao património colectivo dever ser entendida como exercida pelos dois titulares, já que o direito também é único».*

---

do Código de Seabra, foi também o entendimento de Pires de Lima/Braga da Cruz, que a incluíam na categoria dos "patrimónios com mais de um sujeito", na modalidade de propriedade colectiva, porque há um só direito de que são titulares vários indivíduos (*Direitos de Família*, cit., pág. 98.).

[77] É a tese defendida entre nós por Leite de Campos, *Lições...*, cit. pág. 394.

[78] Assim entende Guilarte Gutierrez, *La naturaleza de la actual sociedad de ganaciales*, Anuario de Derecho Civil, t. XLV, fasc. III, Julio-Septiembre 1992, págs. 875 e ss, *maxime* 925 e ss. Também no sentido que a *communauté entre époux* não pode ser senão uma forma de *indivision*, à qual, no entanto, não são aplicáveis as regras gerais destas, uma *indivision de type particulier* ou «*sui generis*» v. Andre Colomer, *Droit Civil, Régimes matrimoniaux*, 10 ed., Litec, 2000, pág. 196; e François Terré/ Pilippe Simler, *Droit Civil, Les biens*, 4 ed., 1992, Dalloz, pág. 503.

[79] Publicado no *Diário da República*, II Série, de 19-10-2000, págs. 16926 a 16931, de que foi relator Bravo Serra.

[80] Publicado na CJ, 1991, t. I, págs. 82 e ss.

As construções doutrinárias visam explicar e fundamentar um conjunto de características próprias da comunhão conjugal, que se verificam nos vários ordenamentos jurídicos com traços mais ou menos comuns, sem prejuízo das regras concretamente previstas para os diversos regimes de bens comunitários.

Assim, e no que concretamente respeita ao direito português:

a) A comunhão nasce com o casamento validamente celebrado e a sua manutenção depende, em regra, da sobrevivência do próprio casamento, dissolvendo-se aquela com a dissolução ou invalidade deste (arts. 1716.º, 1717.º e 1688.º);

b) Só podem ser «comuneiros» [81] duas pessoas ligadas entre si pela relação jurídica familiar do casamento (arts. 1717.º, 1721.º e 1732.º);

c) A massa de bens comuns está afecta à prossecução dos interesses comuns emergentes daquela relação jurídica familiar e, consequentemente, responde privilegiadamente pelo passivo comum (arts. 1695.º/1, 1696.º/2 e 1689.º/2);

d) A massa de bens comuns e o passivo da comunhão são dinâmicos [82], só se apurando o seu valor definitivo à data da dissolução da comunhão (art. 1689.º);

e) O direito dos cônjuges incide sobre o património comum, como um todo, e não sobre os bens que o integrem (arts. 1689.º/1, 1685.º/2 e 1730.º/2);

f) Os bens ingressam na massa comum de forma automática, i.e., os efeitos da sua aquisição por um dos cônjuges comunicam-se de imediato ao outro (arts. 1724.º, 1732.º e 1723.º/ /c) *a contrario*);

---

[81] Adoptamos a terminologia de OLIVEIRA ASCENSÃO *Direitos Reais* ... cit., pág. 259, também utilizada por MENEZES CORDEIRO, *Direitos Reais*... cit., pág. 614, n.º 955, que designa, em geral, os vários titulares em situação de comunhão.

[82] No sentido de continuamente variáveis, não se verificando um dinamismo semelhante ao de uma sociedade, que tem por fim o desenvolvimento em comum de uma certa actividade económica (art. 980.º) – subscrevemos aqui o entendimento de OLIVEIRA ASCENSÃO, *Direito Civil, Teoria Geral*..., vol. I, cit., pág. 305.

g) Os cônjuges não podem dispor da parte que lhes cabe no conjunto do património comum (art. 1730.º/2);

h) Nem podem dispor sobre a parte especificada que lhes caberia em cada bem comum (art. 1730.º/2);

i) Os cônjuges não podem pedir a *divisão* do património comum, só havendo lugar à partilha dos bens após a dissolução da comunhão, altura em que se torna exequível o direito à meação (arts. 1689.º/1 e 1688.º).

Estas características fundamentais mantêm-se *grosso modo* mesmo nos ordenamentos jurídicos em que, ao contrário do nosso, se admite a modificação do regime de bens [83]. Nestes casos, há mais uma situação, tipificada na lei, de dissolução da comunhão conjugal na pendência do casamento, embora aqui, há que reconhecê-lo, com maior acento na vontade dos seus titulares (ainda que exigindo comum acordo e, em regra, controlo judicial através de processo especialmente previsto para o efeito) em detrimento da sua afectação ao próprio casamento.

As considerações sobre a natureza jurídica da comunhão são determinantes no recurso à analogia para integração de eventuais lacunas do regime da comunhão conjugal. Nesta sede, têm-se apresentado três soluções principais, consoante a posição dos vários autores relativamente à natureza desta comunhão: analogia com as normas do contrato de sociedade [84]; recurso às regras da compropriedade comum [85]; e negação da possibilidade de analogia com qualquer outro regime, devendo as soluções ser encontradas nos princípios e normas jurídicas da própria comunhão conjugal [86].

---

[83] V. supra n.º II – 3.

[84] Em defesa da aplicação subsidiária das regras do contrato de sociedade à *sociedad de gananciales*, não obstante a supressão do *art. 1.395* do *Código Civil* espanhol, que expressamente previa tal situação, veja-se LACRUZ BERDEJO e OUTROS, *Derecho de familia...*, cit., pág. 280

[85] O Anteprojecto para o novo Código Civil da autoria de G. BRAGA DA CRUZ, continha uma disposição que mandava aplicar à comunhão «as normas gerais reguladoras da propriedade comum» – *Regime de bens do casamento*, cit., pág. 214. No mesmo sentido v. HENRIQUE MESQUITA, *Direitos Reais*, cit., pág. 216.

[86] É a posição de FRANCESCO CORSI, *Il regime patrimoniale della famiglia*, Dott., Milano, 1979, pág. 63.

A caracterização da comunhão conjugal como propriedade colectiva ou de *mão comum* tem a grande vantagem de imediatamente a diferenciar da compropriedade comum ou de tipo romano, salientado as suas principais características:

- *indivisão* – inexistência de um direito sobre uma parte (fracção abstracta) e consequente impossibilidade de dispor desse direito, uma vez que os cônjuges são contitulares de um único direito sobre um património global (que não abrange apenas situações de natureza real);
- *indivisibilidade* – obrigação de manter a indivisão enquanto subsistir a relação jurídica familiar, à qual está afecto esse património.

Simplesmente, estas características, muito próximas da propriedade colectiva, não se revelam de modo absoluto no regime da comunhão conjugal [87]. Por um lado, há situações onde a meação é objecto de direitos do cônjuge, ou de terceiros, como no caso das disposições por conta da meação permitidas pelo art. 1730.º/2; e na situação da penhora de bens comuns até ao valor da meação do cônjuge executado (art. 825.º do Código de Processo Civil). Por outro, há situações, em que é permitido aos cônjuges provocar a separação de bens, i.e., a cessação do regime da comunhão conjugal, com vista à partilha dos bens comuns (cfr. arts. 1770.º e 1795.º-A).

Nestes casos, a comunhão de bens cessa antes da extinção do vínculo familiar que lhe subjaz, num claro afastamento do conceito de *património colectivo*, tal como ele nos foi apresentado por Manuel de Andrade: «o património colectivo pressupõe um vínculo pessoal (em regra de natureza familiar), o qual tem causas de extinção próprias, e só depois de extinto o vínculo é que cessa a propriedade colectiva, degenerando em compropriedade de tipo romano, que permite aos interessados dispor da sua parte ideal» [88]. Contudo, estes *desvios* ao regime da propriedade colectiva, expressamente previstos na lei, não

[87] Em sentido próximo veja-se Oliveira Ascensão, *Direito Civil, Reais...*, cit., pág. 173, que salienta a sujeição deste tipo de comunhão à institucionalização própria do Direito da Família.

[88] *Teoria Geral da Relação Jurídica*, vol.I, *Sujeitos e Objecto*, Livraria Almedina, 1960, pág. 225.

são de molde a afastar totalmente a comunhão conjugal da lógica da propriedade colectiva.

O principal traço condicionante do regime da comunhão conjugal, é o facto de esta constituir um regime de bens do casamento, i.e., uma forma de regulação da titularidade de bens especificamente prevista para o casamento, assumindo, em consequência, características próprias, que encontram fundamento apenas na natureza e vicissitudes próprias do matrimónio. Basta reflectir sobre a composição do activo e também do passivo da comunhão para concluir que obedece a uma lógica e interesses próprios da instituição familiar.

Neste sentido, não se nos afigura possível *importar* as regras da comunhão conjugal para outras relações jurídicas distintas do casamento, *maxime*, para a união de facto [89]. As regras que disciplinam os efeitos patrimoniais do casamento só a este são aplicáveis, não podendo ser transpostas para realidades distintas, ainda que com similitudes, como é o caso da união de facto.

Note-se que foram precisamente essas regras, entre outras, que os unidos de facto afastaram ao não casar. Não será legítimo, na ausência de norma expressa, transpor para uma situação de comunhão de facto, nem as vantagens eventualmente emergentes da aplicação do regime de bens do casamento, nem as limitações à autonomia privada e *ilegitimidades* resultantes desse mesmo regime.

Além do mais, no caso da comunhão conjugal, estamos perante um regime de contitularidade que, estando apenas previsto para o casamento, encontra a sua razão de ser como património de afectação especial desta instituição familiar. Por último, e por força do princípio da protecção da confiança, a estipulação de um regime de bens para os unidos de facto obrigaria a formalizar e publicitar, pelo menos, o início e o termo da respectiva vigência, o que, para além de não ter previsão legal, dificilmente se enquadra na actual informalidade da união de facto (cfr. art. 8.º da Lei n.º 7/2001, de 11 de Maio).

---

[89] Neste sentido v. José Luis de Los Mozos, *La nueva sociedad...*, cit., pág. 701 e França Pitão, *Uniões de Facto e Economia Comum*, Almedina, 2002, págs 172 e ss, *maxime*, 174. Também afirmando a inexistência de um «regime de bens» na união de facto Pereira Coelho/ Guilherme de Oliveira, *Curso...*, cit., pág. 102.

2. Bens comuns

Ao presente estudo interessa principalmente compreender a natureza e regime do acervo de bens detido em comum pelos cônjuges, i.e., o lado activo da comunhão, apurado após a liquidação do passivo (art. 1689.º), relativamente ao qual a comunhão traduz um «património comum de afectação especial» [90], embora sem total autonomia, como teremos oportunidade de salientar.

O objecto da comunhão conjugal é uma massa de bens variável, apurada à data da dissolução da comunhão, a qual, no direito português, ressalvados os casos expressamente previstos nas alíneas *b*), *c*) e *d*) do n.º 1 do art. 1715.º, ocorre apenas com a dissolução do próprio casamento, por morte ou divórcio, questão que teremos oportunidade de pormenorizar. Utiliza-se a palavra «bens» no sentido amplo que lhe é atribuído no próprio Código Civil (Capítulo IX do Título II do Livro IV), que abrange não só coisas, como direitos subjectivos, reais, de crédito e outras situações jurídicas activas e patrimoniais de que os cônjuges sejam titulares [91].

A lei define *a priori* quais os bens que podem vir a integrar a comunhão e aqueles que dela estão excluídos (cfr. arts. 1722.º, 1729.º e 1733.º quanto à comunhão de adquiridos e arts. 1732.º e 1733.º, no que respeita à comunhão geral). A comunhão pode atingir a sua extensão máxima numa situação em que os esposados adoptem o regime de comunhão geral tipificado na lei, onde apenas são próprios os bens enumerados no art. 1733.º/1; contrariamente, a situação de comunhão mais restrita será aquela em que, por exemplo, os esposados convencionem um regime de bens atípico, nos termos do qual um determinado bem – existente ou não na sua esfera jurídica à data da celebração da convenção antenupcial – será comum e que todo o

---

[90] Era a definição constante do Anteprojecto ao Código Civil da autoria de G. Braga da Cruz, *Regime de bens do casamento*, BMJ n.º 122, Janeiro 1963, pág. 214.

[91] Seguimos os ensinamentos de Menezes Cordeiro, *Tratado de Direito Civil Português*, I, Parte Geral, t. I, 2.ª ed., Livraria Almedina, 2000, pág. 140 e ss., quanto à noção e modalidades de situações jurídicas.

restante património será considerado próprio de cada um dos cônjuges. Pode questionar-se a validade desta última situação, por traduzir uma «desnaturação do regime-tipo»[92], mas a verdade é que nenhuma disposição impõe um património comum *mínimo*, sendo de admitir à luz do art. 1698.º, *in fine*.

O regime supletivo da comunhão de adquiridos é aquele que revela maior complexidade na identificação do acervo de bens comuns. A ideia de que este regime é a «expressão abreviada de comunhão de adquiridos (na vigência do casamento) a título oneroso»[93] revela-se imprecisa e insuficiente para determinar, em concreto, a natureza do bem. Só pela discriminação exaustiva se pode, com rigor, determinar a composição da massa comum.

Assim, integram a comunhão:

a) O produto do trabalho dos cônjuges (art. 1724.º/*a)*);

b) Os bens móveis, excepto quando se prove a sua natureza própria (art. 1725.º);

c) Os bens adquiridos onerosamente na constância do casamento, não exceptuados por lei (art. 1724.º/ *b)*), ou seja, que não caiam na previsão do art. 1722.º/1, als. *b)* e *c)*, nem dos arts. 1723.º, 1726.º, 1727.º, 1728.º e 1729.º/2;

d) Os bens adquiridos gratuitamente na constância do casamento se o autor da liberalidade determinar a sua natureza comum, com excepção das disposições a título de legítima (art. 1729.º e 1757.º quanto às doações entre esposados) e das doações entre cônjuges (art. 1764.º/2);

e) Os frutos (naturais e civis) de bens próprios e as benfeitorias realizadas nesses bens (art. 1728.º/1 e art. 1733.º/2, aplicado por analogia).

O elenco não denuncia, só por si, as inúmeras questões que se suscitam na determinação dos bens comuns.

O regime relativo aos frutos e benfeitorias, embora parcialmente explicado pela nossa tradição jurídica na comunicabilidade dos fru-

---

[92] V. Rita Lobo Xavier, *Limites à autonomia...*, cit., págs. 518 e ss.

[93] Citamos Antunes Varela, *Direito da Família*, cit., pág. 451.

tos [94], não resulta da natureza das coisas, pois tanto os frutos como as benfeitorias pressupõem sempre uma ligação, jurídica ou material, à coisa principal [95]. Permitindo-se o ingresso da coisa e dos respectivos frutos ou benfeitorias em massas patrimoniais distintas, aumenta-se a complexidade na identificação dos patrimónios, próprios e comum, e na partilha dos mesmos. Além do mais, não se faz qualquer distinção consoante o tipo de frutos, nem se distingue se estes ou as benfeitorias têm origem no trabalho do cônjuge titular do bem (cfr. art. 1724.º/*a)*), na aplicação de valores próprios ou em meras actividades especulativas (como no caso de certas transacções de valores mobiliários) [96]. No que respeita aos frutos, verifica-se ainda que, em rigor, o que devia ser considerado comum não era o *fruto*, mas antes o *benefício líquido*, obtido após dedução das despesas inerentes à sua percepção.

Uma questão de grande relevância prática, é a colocada pela subrogação indirecta de bens próprios, quando não tenham sido cumpridas as exigências da al. *c)* do art. 1723.º (intervenção de ambos os cônjuges e menção da proveniência do dinheiro ou valores no documento de aquisição). A interpretação deste preceito em termos rígidos e formais conduz a enriquecimentos injustificados do património comum à custa de um dos cônjuges.

Vários autores consideram que o cônjuge lesado deve ser compensado pelo património comum, à data da dissolução da comunhão [97]. Mas está longe de ser pacífica a questão de saber se é

---

[94] V. Pereira Coelho/ Guilherme de Oliveira, *Curso* ..., vol. I, cit., pág. 544 e Pires de Lima/ Antunes Varela, *Código Civil* ..., vol. IV, cit., pág. 433.

[95] V., por todos, Oliveira Ascensão, *Direito Civil, Teoria Geral*, vol. I, cit., págs. 384 e ss.; Menezes cordeiro, *Tratado de Direito Civil*, I, t. II, 2000, págs. 172 e ss; e Carvalho Fernandes, *Teoria Geral do Direito Civil*, vol. I, 2.ª ed., Lex, Lisboa, 1995, págs. 582 e ss.

[96] O *Codigo Civil* espanhol tende a atribuir às «edificaciones, plantaciones y cualesquiera otras mejoras» a mesma natureza do bem em que são realizadas (art. 1.359), prevê situações especiais quanto aos frutos (arts. 1.349 e 1.350), preocupando-se, além do mais em clarificar a administração exclusiva, pelo titular do bem, dos frutos comuns provenientes de bem próprio (art. 1.381). Para maiores desenvolvimentos, v. Lacruz Berdejo e outros, *Derecho de Familia*, 4.ªed., Bosch, Barcelona, 1997, págs. 284 e ss.

[97] V. Rita Lobo Xavier, *Anotação* ao Ac. STJ de 14-12-1995, RDES, págs. 185 e ss., e as várias posições doutrinais aí citadas. Na jurisprudência v. o citado

admissível, quando se trate da aquisição de um imóvel, efectuar escritura de rectificação com vista a corrigir a qualificação do próprio bem [98].

Por último, há certos bens cuja comunicabilidade tem vindo a ser discutida: é o caso das pensões de reforma [99] e também das denominadas «*stock options*», um complemento da remuneração cada vez mais frequente, também entre nós, cuja qualificação como bem comum parece que vai depender do momento em que o direito de opção seja exercido[100]. Estes são também alguns bons exemplos do distanciamento entre as formas de riqueza actuais e a propriedade fundiária. As dificuldades suscitadas pela qualificação jurídica de certos bens como próprios ou comuns, leva alguns autores franceses a falar da categoria de «bens mistos», ou seja, simultaneamente próprios e comuns em virtude da complexidade da sua natureza, como seria o caso dos direitos de autor, da clientela dos profissionais liberais ou das participações sociais [101].

Conclui-se que no regime supletivo da comunhão de adquiridos, ressalvados os casos mais vulgares, a mera determinação dos patri-

---

Ac. STJ de 14-12-1995 (Pereira da Graça), CJ-STJ, 1995, t. III, págs. 168 e ss.,e o Ac. STJ de 24-09-1996 (Cardona Ferreira), BMJ n.º 452, 1996, págs. 437 e ss. e. Contra pode ler-se Pires de Lima/Antunes Varela, *Código Civil* ..., vol. IV, cit., pág. 427.

[98] No sentido da sua admissibilidade, quando não estejam em causa interesses de terceiros v. Pereira Coelho e Guilherme De Oliveira, *Curso*..., cit., pág. 517. Contra, pode ler-se Rita Lobo Xavier, *Anotação* ao Ac. STJ de 14-12-1995, cit., pág. 208; Pires de Lima/Antunes Varela, ob. cit., págs. 426 e 427; e o Parecer de 26-01-2001 do Conselho Técnico da Direcção-Geral dos Registos e do Notariado (Silva Pereira), que considerou insuprível a falta da declaração da proveniência, na medida em que a escritura de rectificação pretendida pelos interessados consubstanciava uma alteração da composição das massas patrimoniais proibida pelo princípio da imutabilidade (RN n.º 2/2001), Fevereiro 2001, págs. 36 e ss.

[99] V. Maria João Vaz Tomé, *O direito à pensão de reforma enquanto bem comum do casal*, BFDUC, Studia Iuridica 27, Coimbra Editora, 1997.

[100] V. Laurent Grosclaude, *Stocks options: biens propres ou biens communs?*, *Droit de la famille*, JurisClasseur, n. 12, *Décembre* 2001, págs. 22 e ss.

[101] V. Philippe Malaurie, *Les régimes matrimoniaux*, cit., págs. 188 e ss.

mónios, próprios e comum, não dispensa a consulta de um conjunto de preceitos legais de interpretação algo complexa. Como já se teve oportunidade de salientar, esta constatação vai entroncar na estranheza de um regime supletivo de bens que não se apresenta como um regime simples, acessível a todos os cônjuges.

2.1. *Ingresso dos bens na massa comum*

Uma vez que a lei define *a priori* a composição das massas patrimoniais, os bens comunicam-se automaticamente, sem necessidade de qualquer acto de transmissão ou declaração dos cônjuges nesse sentido. Assim, com a celebração de um casamento no regime da comunhão geral de bens, os bens que cada cônjuge detenha à data do casamento (com as excepções do n.º 1 do art. 1733.º) comunicam-se de imediato ao outro cônjuge. Da mesma forma, se o cônjuge *A*, casado no regime da comunhão de adquiridos com *B*, celebra contrato de compra e venda com terceiro, a eficácia aquisitiva desse contrato (art. 879.º) opera de imediato na esfera jurídica do cônjuge não interveniente [102].

Como salienta JOSE LUIS DE LOS MOZOS, a *masa ganancial* constitui-se por *atribuición legal*, prescindindo, assim, da aquisição conjunta pelos cônjuges ou da contribuição de ambos ou até do conhecimento do cônjuge não interveniente [103].

Esta virtualidade de aquisição automática para o património comum mantém-se até à dissolução da comunhão, permanecendo mesmo nas situações de separação de facto. Daí o interesse em pedir a retroacção dos efeitos do divórcio à data da cessação da coabitação (art. 1789.º/2), sem a qual apenas se poderá procurar a compensação do cônjuge prejudicado através de mecanismos como o enrique-

---

[102] ADRIANO DE CUPIS, *Brevi note sulla conversione dei contratti*, in *Rivista Trimestrale di Diritto e Procedura Civile*, Ano XL, n. 3, Settembre 1986, págs. 950 e 951, considera tratar-se de uma manifestação atenuada do fenómeno da conversão legal dos contratos.

[103] *La nueva sociedad de gananciales...*, cit., pag. 695.

cimento sem causa [104]. Simplesmente, este mecanismo não resolve satisfatoriamente a questão, uma vez que apenas pode ser requerido no âmbito de um processo de divórcio litigioso, quando é sabido que a esmagadora maioria dos divórcios são requeridos por acordo entre os cônjuges [105].

Uma outra questão que se levanta é a de saber se os bens são adquiridos directamente para a massa comum ou se há uma aquisição individual seguida de uma comunicação subsequente [106].

Em resposta à mesma PAULO CUNHA escreveu: «Nem por existir comunhão geral de bens deixam as aquisições de ser feitas individualmente por cabeça de cada um dos cônjuges. Quem adquire por acto jurídico ou por outro título, é apenas o cônjuge que pratica o acto jurídico ou em quem concorre a qualidade que determina a aquisição (...) uma vez operada a aquisição patrimonial, logo os bens se comunicam e, por causa da comunicação, ingressando na massa comum, passam a respeitar ao outro cônjuge, que sobre a massa comum tem direito de comparte.» [107]

Também PEREIRA COELHO e GUILHERME DE OLIVEIRA[108] optam por esta solução, considerando que só através dela é possível explicar a relevância que, à luz da nossa lei, tem a origem ou proveniência dos bens comuns.

---

[104] Cfr. o caso paradigmático julgado no Ac. RL de 09-01-2001 (ANDRÉ SANTOS), onde se decidiu que «é bem próprio do respectivo cônjuge, casado em comunhão de adquiridos, a fracção autónoma que lhe coube em sorteio por compras feitas num estabelecimento, com dinheiro dado pela mãe, que o auxiliava, quando estava separado de facto, não contribuindo o outro cônjuge, há muito, para as despesas domésticas». V. ainda a anotação crítica aos fundamentos do acórdão da autoria de GUILHERME DE OLIVEIRA (RLJ, n.os 3919 e 3920, págs. 348 e ss.).

[105] Cfr. supra n.º I – 1. Note-se que o divórcio por mútuo consentimento é baseado exclusivamente no acordo dos cônjuges, não dando lugar à explicitação do fundamento da ruptura da vida em comum.

[106] V. ANDREA FUSARO, *Il regime patrimoniale...*, cit, págs. 219 e ss., que refere que os AA. que consideram haver uma aquisição directa pela comunhão, configuram esta como um sujeito autónomo, representado pelos cônjuges.

[107] *A incapacidade do cônjuge do herdeiro determinará inventário obrigatório?*, *O Direito*, Ano 77º, n.º 1, Janeiro 1945, pág. 99.

[108] *Curso...*, cit., págs. 507 e 508.

De facto este entendimento afigura-se irrefutável perante o texto legal que atende à proveniência dos bens comuns para determinar:

a) Regras de administração dos bens comuns (art. 1678.º/2, al. *c)* e também no caso especial do art. 1649.º);
b) Responsabilidade por dívidas (art. 1696.º/2);
c) A exclusão de certos bens comuns da comunhão, para efeitos de partilha, por aplicação do art. 1790.º, i.e., quando o casamento tenha sido celebrado sob o regime da comunhão geral de bens e haja bens comuns provenientes do cônjuge não culpado ou menos culpado, bens esses que seriam próprios no regime da comunhão de adquiridos.

3. Meação

Encarada a comunhão como património colectivo, a meação será a participação ideal que incide sobre todo o património comum, em conjunto, e não sobre cada bem em concreto. Como referem PEREIRA COELHO e GUILHERME DE OLIVEIRA «o direito a metade é, assim, um direito ao valor de metade» [109].

A questão de saber se o titular do direito sobre o património comum é um só – o casal – ou se há um direito de cada cônjuge sobre o conjunto dos bens comuns, expresso na respectiva meação, não é meramente teórica. LACRUZ BERDEJO cita, a propósito, uma decisão jurisprudencial em que estava em causa uma venda, efectuada por mãe e filho, de um bem que integrava a *sociedad conyugal continuada*, em que este participava, como único herdeiro de seu pai, que por ter esse filho sido incapacitado por anomalia psíquica, foi invalidada. O tribunal não julgou procedente a tese do comprador

[109] *Curso....*, cit., pág. 510.

[110] *Derecho de Familia...*, cit., pág. 279. A compreensão desta decisão pressupõe que se tenha em atenção a posição sucessória do cônjuge sobrevivo em Espanha e a figura da *comunidad postganacial*, a que nos voltaremos a referir, formada pelo cônjuge sobrevivo e pelos herdeiros do falecido, que participam em comunhão indivisa no *patrimonio ganancial*.

de que a venda seria válida na metade correspondente à parte da mãe, uma vez que entendeu estar-se perante uma comunidade de «mão comum», em que os contitulares não dispõem de partes concretas nos bens, mas apenas de uma quota ideal sobre o conjunto [110].

A doutrina portuguesa inclina-se para a afirmação de um património colectivo sobre o qual recai um único direito de que ambos os cônjuges são titulares [111]. ANTUNES VARELA [112] refere mesmo que a determinação da participação de cada um dos cônjuges tem «especialmente em vista o momento da dissolução e partilha do património comum, e não a fixação do objecto do direito de cada um deles na vigência da sociedade conjugal».

Também CASTRO MENDES [113] explica que o *direito e acção à meação* corresponde ao «direito de cada cônjuge de retirar a sua meação no caso de partilha».

O mesmo tipo de entendimento parece estar subjacente ao *art.* 1.344 do *Código Civil* espanhol, que dispõe: *Mediante la sociedad de gananciales se hacen comunes para el marido y la mujer las ganâncias o beneficios obtenidos indistintamente por cualquiera de ellos, que les serán atribuídos por mitad al disolverse aquélla* (sublinhado nosso).

Os cônjuges não podem, assim, dispor da meação sobre o património comum, nem da parte que lhes cabe nos bens que integram esse património. Contudo, a regra tem excepções: o art. 1730.º/2, adiante analisado, prevê a possibilidade de o cônjuge beneficiar terceiros com doações ou deixas por conta da meação.

Dando continuidade à longa tradição da «*carta de meyadade*» no nosso país, a participação dos cônjuges na massa de bens comuns e no respectivo passivo está sujeita à regra da metade imperativamente fixada no art. 1730.º/1, (aplicável à comunhão geral de bens por força do art. 1734.º).

---

[111] Assim PEREIRA COELHO/GUILHERME DE OLIVEIRA, *Curso...*, cit., pág. 405; PIRES DE LIMA/ANTUNES VARELA, *Código Civil...*, vol. IV, cit., pág. 437. V. em sentido contrário as teses que apontam para a existência de quotas com características especiais, acima citadas (n.º III – 1.).

[112] *Direito da Família...*, cit. pág. 461.

[113] *Direito da Família...*, cit. pág. 127.

Na preparação do actual Código Civil não vingou a possibilidade defendida por GUILHERME BRAGA DA CRUZ [114] de prever a comunhão em proporções diferentes, à semelhança do que acontece noutros ordenamentos jurídicos.

A imposição da divisão por metade vigora em Itália de forma imperativa tanto na *comunione legale*, como na *comunione convenzionale* (cfr. *arts. 194, comma 1.º* e *210, comma 3.º* do *Codice Civile*) [115]. Já em França [116] é possível afastar o princípio da partilha igualitária da comunhão, quer no *contrat de mariage*, quer em sede de modificação do regime de bens, estipulando-se cláusula que preveja a atribuição a um dos cônjuges (e aos seus herdeiros) de uma parte da comunhão inferior à metade; ou até mesmo através da *clause d'attribuition intégrale* dos bens comuns ao cônjuge sobrevivo [117]. Em Espanha discute-se a possibilidade de efectuar um *pacto de distribución desigual*, entendendo alguns autores que tal constitui violação do princípio da igualdade de direitos entre cônjuges (*art. 1.328* do *Codigo Civil* espanhol) [118].

---

[114] *Capacidade patrimonial dos cônjuges*, BMJ n.º 69, 1957, pág. 428. Na vigência do art. 1123 do Código de Seabra, CUNHA GONÇALVES defendia que repartição dos bens da comunhão com a devida igualdade só tinha lugar quando a convenção antenupcial ou um acordo posterior à dissolução não estipulassem outro modo de partilha (*Tratado...*, vol. VI, cit., pág. 473).

[115] Sobre a possibilidade de afastamento de outras regras da comunhão v. GIOVANNI GABRIELLI, *Scioglimento parziale della comunione legale fra coniugi, esclusione dalla comunione di singoli beni e rifiuto preventivo del coacquisto*, RDC, N. 3, Maggio-Giugno 1988, págs. 341 e ss.

[116] A igualdade na partilha não é considerada de ordem pública e, portanto, o seu afastamento não atenta contra o *art. 1387* do Código francês – v. JEAN CARBONNIER, *Droit Civil, La famille*, 20.ª ed., PUF, 1999, pág. 490; GÉRARD CORNU, *Les régimes matrimoniaux*, cit., págs. 585 e ss.; MARTY, GABRIEL/RAYNAUD, PIERRE, *Les régimes matrimoniaux*, cit., págs. 332 e ss.; ANDRE COLOMER, *Droit Civil, Régimes...*, cit., págs. 527 e ss.

[117] Sobre alguns problemas que esta cláusula suscita v. MICHEL DAGOT, *La clause d'attribution intégrale de la communauté*, JCP, *La Semaine Juridique*, Doctrine, Édition Géneral, n. 4, 22 Janvier 1997, 3995.

[118] V. LACRUZ BERDEJO e OUTROS, *Derecho de Familia*, cit., pág. 276.

Entre nós, RITA LOBO XAVIER entende que a regra da metade apenas é imperativa dentro dos dois regimes-tipo de comunhão, podendo ser afastada no caso de os nubentes estipularem um regime atípico com bens comuns [119]. A maioria dos autores, no entanto, considera inderrogável a disposição do art. 1730.º/1 [120]. Admitir o afastamento da regra da metade significaria admitir a possibilidade de criar, no âmbito da autonomia privada, uma comunhão diversa da que está expressamente prevista na lei, pois esta foi desenhada como figura única, especialmente concebida para as relações patrimoniais do casamento.

À luz da nossa lei é indiferente se a divisão por metade corresponde a contribuições proporcionais por parte de ambos os cônjuges, pois, no limite, o património comum pode resultar do esforço individual de apenas um deles [121]. Apenas se ressalva a possibilidade de sub-rogação de bens próprios (art. 1723.º), mas com as limitações já referidas [122], e o sistema de compensações entre patrimónios próprio e comum, em regra apenas exigíveis no momento da partilha [123].

4. Administração e disposição

Na linha de imperatividade que domina o regime patrimonial da família português, as regras de administração dos bens, próprios ou

[119] E desde que não infrinja o estatuto imperativo de base, nomeadamente, o princípio da igualdade entre cônjuges – *Limites à autonomia...*, cit., págs. 299, n. 355, 523 e 525.

[120] V. CASTRO MENDES, *Direito da Família...*, cit., pág. 127; LEITE DE CAMPOS, *Lições...*, cit., pág. 394; PAMPLONA CORTE-REAL, *Relatório...*, cit., pág. 47; PEREIRA COELHO/GUILHERME DE OLIVEIRA, *Curso...*, cit., pág. 510; PIRES DE LIMA/ /ANTUNES VARELA, *Código Civil...*, cit., vol IV, pág. 436;

[121] Neste aspecto afigura-se indefensável a aproximação da comunhão conjugal à sociedade.

[122] Cfr. supra n.º III – 2.

[123] Para uma análise crítica ao sistema dos créditos de compensação, ao momento do seu vencimento e às omissões legais nesta matéria v. infra n.º VI – 3.

comuns, não estão na disponibilidade dos interessados (cfr. art. 1699.º/ /1, *c)*).

Outros ordenamentos optaram por deixar à livre disponibilidade dos cônjuges a escolha do administrador dos bens comuns, como é o caso do §1421 do *BGB*, nos termos do qual os cônjuges *devem*, no próprio contrato matrimonial (*Ehevertrag*) [124] onde estipularam o regime convencional de comunhão de bens (*Gütergemeinschaft*), determinar quem administra os bens comuns: se o marido, a mulher, ou ambos de forma conjunta.

A administração do património comum é uma administração pesada, porque bicéfala (art. 1678.º/3). Quando *concorrente*, coloca os problemas inerentes às decisões bidireccionais, se *conjunta* carece sempre da intervenção de ambos, com necessidade de recurso a tribunal para suprimento do consentimento do cônjuge que não o queira prestar [125].

Nos actos de disposição e oneração dos bens espelha-se a importância dada aos bens imóveis, exigindo-se sempre a intervenção de ambos os cônjuges, a que nem escapam os imóveis próprios (art. 1682.º-A). Aliás, apenas quanto a estes pode a lei impor-se à vontade das partes, dada a necessária intervenção de entidades públicas. Quanto às demais regras de administração, serão livremente ignoradas ou alteradas pelo casal até à eventual emergência de um conflito. Em contraponto à rigidez na administração da propriedade fundiária encontra-se a total liberdade na administração do dinheiro ou outros títulos mobiliários (art. 1680.º), protegida além do mais pelo sigilo ban-

---

[124] No direito alemão, o termo *Ehevertrag* não significa apenas contrato matrimonial, antes é utilizado para designar todos os contratos ou convenções entre cônjuges, incluindo as celebradas após o casamento, destinadas a regular as suas relações patrimoniais – Frédérique Ferrand, *Droit privé allemand*, cit. pág. 470.

[125] V. as críticas apontadas por Pamplona Corte-Real, *Relatório...*, págs. 38, 39, 110 e 111 e Pires De Lima/Antunes Varela, *Código Civil...*, vol. IV, cit. págs. 289 e ss. Partilhando as críticas da administração concorrente, André Colomer denomina o regime previsto no *art. 1421* do Código francês como «*l'aigle à deux têtes*» (*Droit Civil, Régimes matrimoniaux*, cit., págs. 27 e 205 e ss.).

cário [126]; bem como uma ampla possibilidade de livre disposição de bens móveis comuns (art. 1682.º/2 e 4).

A excessiva rigidez das regras de administração é inevitavelmente ultrapassada pela necessidade diária da prática de uma profusão de actos e negócios jurídicos, pela velocidade e informalidade do comércio jurídico, pela difusão dos contratos de adesão e da conclusão de negócios através de meros comportamentos concludentes.

Acresce que a imperatividade das regras citadas não encontra eco nas soluções legais previstas para o incumprimento das regras de administração e disposição dos bens. Na verdade, a infracção às regras de administração e disposição do património comum quando, designadamente, traduza prejuízo para o património ou para os direitos do outro cônjuge, tem escassos efeitos jurídicos [127]. Em geral, não há lugar a prestação de contas (cfr. art. 1681.º) e o pedido de separação judicial de bens tem um âmbito de fundamentação bastante restrito [128]. Além do mais, saliente-se a omissão legal quanto à existência e relevância de deveres patrimoniais para efeitos de divórcio e separação judicial [129].

---

[126] A este respeito é significativo o Ac. STJ de 19-04-1995, que negou a uma mulher casada, separada de facto, a pretensão de obter dos bancos informações acerca da evolução dos dinheiros e bens depositados em contas em que o marido era o único titular ou titular juntamente com terceiros (citado em Pereira Coelho/Guilherme de Oliveira, *Curso...*, cit., pág. 469).

[127] Estes e outros aspectos têm sido bastante criticados. Ewald Hörster afirma mesmo que o Código Civil "consagra o princípio da irresponsabilidade do cônjuge administrador" (*A respeito da responsabilidade civil dos cônjuges entre si*, *Scientia Iuridica*, 1995, n.ºs 253/255, Janeiro/Junho 1995, págs. 118 e ss.). V. ainda Ângela da Silva Cerdeira, *Da responsabilidade civil dos cônjuges entre si*, FDUC, Centro de Direito da Família, Coimbra Editora, 2000, págs. 120 e ss.

[128] Cfr. infra n.º IV – 1.

[129] Neste sentido Teixeira de Sousa, *Regime jurídico ...*, cit., págs. 44 e 45, secundado por Pamplona Corte-Real, *Relatório...*, cit., pág. 116, n. 228.

5. Responsabilidade por dívidas

É novamente a lei que, ao configurar a comunhão como um «património comum de afectação especial» [130], determina, imperativamente, a composição do seu passivo [131].

Não há uma correspondência exacta entre o activo e o passivo da comunhão, na medida em que os critérios que determinam o ingresso dos bens na massa comum e os critérios que presidem à comunicabilidade das dívidas são diversos [132].

Esta situação é compreensível, nomeadamente, porque o regime de responsabilidade por dívidas é aplicável quer aos regimes de comunhão quer à separação de bens, e não visa apenas tutelar os cônjuges, um perante o outro, mas também o interesse de terceiros (credores); enquanto que as regras sobre a titularidade dos bens têm em conta, principalmente, o interesse dos próprios cônjuges e da família (sem prejuízo de algumas das suas regras, como é o caso das presunções de comunicabilidade dos bens móveis servirem também para protecção dos credores dos cônjuges, tanto nos regimes de comunhão como no regime de separação).

Assim, há dívidas que responsabilizam ambos os cônjuges ainda que os bens ingressem no património de um deles (*v.g.* als. *b)* e *c)* do n.º 1 do art. 1691.º), como pode haver dívidas incomunicáveis emergentes de bens comuns (*v.g.* al. *a)* do art. 1692.º). A «afectação especial» do património comum concretiza-se na sua especial responsabilidade pelas dívidas comuns, que, como tal, atribui aos credores comuns a prevalência na sua liquidação (cfr. art. 1689.º/2) [133].

---

[130] Era a definição proposta por G. Braga da Cruz, *Regimes de bens do casamento...*, cit., pág. 214

[131] Seguimos o ensinamento de Pamplona Corte-Real quanto a um entendimento alargado da al. *c)* do n.º 1 do art. 1699.º que inclui não apenas as regras sobre a administração dos bens, mas também o regime de responsabilidade por dívidas.

[132] É também o entendimento, em França, de Gérard Cornu, *Les régimes matrimoniaux*, cit., pág. 251.

[133] V. Pires de Lima, *Anteprojecto de dois títulos do novo Código Civil referente às relações pessoais entre os cônjuges e à sua capacidade patrimonial*, Lisboa, 1956, pág. 24.

Mas tal não significa que o património comum dos cônjuges seja um património totalmente autónomo [134]. Como ensina PEDRO PAIS DE VASCONCELOS, a autonomia patrimonial significa que «pelas situações passivas de um património respondem apenas as situações activas que o integram» [135].

No caso do património comum dos cônjuges há apenas uma autonomia patrimonial imperfeita, porque o património não é «perfeitamente estanque» [136]. Em primeiro lugar, porque não responde apenas pelas dívidas que responsabilizam ambos os cônjuges, podendo responder subsidiariamente por dívidas da responsabilidade exclusiva de um deles (1696.º/1, 2ª parte). Segundo, porque pode mesmo ser responsabilizado em primeira linha por dívidas exclusivas de um dos cônjuges, concluindo-se que, perante a listagem constante do n.º 2 do art. 1696.º, uma parte importante do acervo de bens comuns responde sempre de imediato pelas dívidas exclusivas de cada cônjuge.

A responsabilidade do património comum pelas dívidas próprias de um dos cônjuges foi ainda intensificada com a eliminação da chamada moratória forçada, que permite aos credores executar imediatamente a meação do devedor no património comum, nos termos previstos no art. 825.º do Código de Processo Civil (na redação que lhe foi dada pelos Decretos-Lei n.ºs 329-A/95, de 12 de Dezembro, e 180/96, de 25 de Setembro) e de acordo com a actual redacção do art. 1696.º/1 (alterada pelo citado Decreto-Lei n.º 329-A/95). Uma vez citado o cônjuge do executado para requerer a separação de bens, a execução da meação do devedor nos bens comuns apenas tem de aguardar a partilha [137].

Coloca-se a questão de saber se esta alteração não modificou a própria fisionomia da comunhão. É que o anterior regime da moratória

---

[134] Neste sentido ANTUNES VARELA, *Direito da Família...*, cit., pág. 455.

[135] *Teoria Geral do Direito Civil*, vol. I, Lex, Lisboa, 1999, págs. 66 e 67.

[136] *Idem*, ob. cit., pág. 66, embora utilizando as sociedades civis, e as sociedades em nome colectivo e em comandita, como exemplos da autonomia patrimonial imperfeita.

[137] V. MIGUEL TEIXEIRA DE SOUSA, *Estudos sobre o novo Processo Civil*, Lex, 1997, pág. 21.

forçada, embora prevendo excepções, estabelecia a regra da suspensão da execução até à extinção da comunhão (operada pela dissolução, declaração de nulidade ou anulação do casamento ou do decretamento da separação judicial de pessoas e bens ou da separação de bens), numa solução que decorria da índole própria da comunhão conjugal [138]. O actual regime de execução sem moratória, traduz, pelo menos, mais uma situação de dissolução da comunhão na vigência do casamento, desta vez com o único intuito de satisfazer créditos de terceiros através da meação do cônjuge executado.

Donde se conclui que, existindo património comum, é este o principal responsável pelas dívidas do casal, quer sejam da responsabilidade de ambos ou apenas de um dos cônjuges. É certo que no caso do património comum responder no lugar do património próprio de um dos cônjuges, nasce um direito de regresso daquele contra este, mas esse direito é relativamente enfraquecido, porque só pode ser exercido à data da dissolução da comunhão (1697.º/2), exigindo uma detalhada e permanente conta-corrente entre os cônjuges que se nos afigura totalmente irrealista, nomeadamente, se pensarmos em dívidas de pequeno valor que se acumulem ao longo da vigência do casamento [139].

Em suma, a constituição do passivo da comunhão interfere directamente com a composição do património comum final, que se apresenta como um *saldo* (art. 1689.º/2), podendo ainda determinar o surgimento de créditos do património comum sobre os patrimónios próprios e vice-versa.

6. Confronto com a compropriedade conjugal

A especialidade do regime da comunhão conjugal mais se salienta quando posta em confronto com as regras da compropriedade conjugal, como já se aludiu atrás e que agora se sintetiza em termos breves.

---

[138] V. PAMPLONA CORTE-REAL, *Relatório...*, cit., pág. 42.

[139] No mesmo sentido v. PEREIRA COLEHO/GUILHERME DE OLIVEIRA, *Curso...*, cit., pág. 438.

Em geral, os autores consideram que o regime da compropriedade entre cônjuges não se desvia do regime geral previsto nos arts. 1403.º e seguintes. Na verdade, uma vez admitida a compropriedade entre cônjuges como modo de contitularidade de bens, distinto da comunhão conjugal, não havia razão para desvirtuar as regras próprias da compropriedade.

Aos cônjuges comproprietários aplicam-se, portanto, um conjunto de regras próprias da compropriedade de tipo romano, de que se destaca:

a) A quota detida por cada cônjuge faz parte do respectivo património próprio, sendo administrada pelo seu titular (art. 1678.º/1);
b) As quotas podem ser quantitativamente diferentes (art. 1403.º/ /2);
c) A quota pode ser alienada ou onerada pelo seu titular (1408.º), com os limites especiais dos artigos 1682.º-A e ss, assistindo, nesse caso, direito de preferência ao outro cônjuge comproprietário (1409.º) [140];
d) Os cônjuges comproprietários podem pedir, a todo o tempo, a divisão dos bens em compropriedade (arts. 1412.º e 1413.º), amigavelmente ou através do processo de divisão de coisa comum (artigos 1052.º e seguintes do Código de Processo Civil), assim como podem celebrar pactos de indivisão, nos limites da lei [141].

O regime descrito aplica-se quer os cônjuges sejam casados no regime da separação de bens, quer o sejam na comunhão de bens, uma vez que as regras em causa resultam do estatuto concreto do bem detido em compropriedade, situação que pode ocorrer em qualquer dos regimes mencionados. Na compropriedade, o poder de pedir a divisão integra o direito de propriedade, e apresenta-se como

---

[140] V. ANTUNES VARELA, *Direito da Família*..., cit., págs. 453 e 466. No mesmo sentido v. LACRUZ BERDEJO e OUTROS, *Derecho de Familia*..., cit., pág. 289.

[141] *Idem*. V. também PAMPLONA CORTE-REAL, *Relatório* ..., cit., pág. 36.

um direito potestativo e irrenunciável [142]; enquanto que na comunhão esse poder inexiste. Pelo contrário, o regime da comunhão determina que os comuneiros se mantenham indivisos até à sua dissolução, por razões que se prendem com o fim a que está adstrita e com o facto de ter como suporte uma relação jurídica familiar. Por outro lado, na comunhão não há um direito individual dos cônjuges sobre o património comum e, além do mais, o direito de que colectivamente são titulares incide sobre um todo – activo e passivo – e não sobre bens concretos [143]. Esta diferença, que radica na diversa natureza e estrutura dos dois tipos de contitularidade, é fundamental na análise dos limites legais à partilha dos bens comuns, quando efectuada antes da dissolução da comunhão.

Ainda assim, o vínculo conjugal que une os comproprietários não deixa de influenciar a compropriedade. Assim, no que respeita, por exemplo, à casa de morada de família, os arts. 1682.º-A/2 e 1682.º-B constituem regime especial relativamente ao disposto no art. 1408.º/1.

Não obstante a saliente diferença de regimes entre a compropriedade e comunhão conjugais, esta não parece influenciar a actuação dos cônjuges no sentido de ajustar os seus interesses a estas duas possibilidades. Pelo contrário, não será caso raro, os cônjuges reputarem como comum um bem que foi adquirido pelos dois antes do casamento (celebrado no regime da comunhão de adquiridos); ou

---

[142] De acordo com Pires de Lima/Antunes Varela, *Código Civil...*, cit., vol. III, pág. 386, há um interesse público na cessação da compropriedade que, no entanto, não vai ao ponto de o próprio Estado lhe pôr termo ou de se proibirem as cláusulas de indivisão. V. também António Carvalho Martins, *Acção de divisão de coisa comum*, Coimbra Editora, 1992, pág. 17,

[143] No mesmo sentido Georges Mahieu, *Partages et cession de droit indivis entre époux, Les Contrats entre Époux*, Conseil Régional Francophone de la Féderation Royale des Notaires de Belgique, Bruylant Bruxelles, 1995, págs. 38 e ss., distingue a «partage des biens indivis», da «partage d´une communauté», e compara a impossibilidade de partilhar antes da dissolução do regime matrimonial idêntica à situação do nu-proprietário e do usufrutuário. Para este A., a partilha de um bem comum sem prévia dissolução da comunhão equivale a uma liquidação antecipada do regime de bens.

adquirirem um bem, na pendência do casamento e utilizando dinheiros próprios de um e outro, sem lançarem mão do mecanismo de subrogação indirecta previsto na al. *c)* do art. 1723.º, fazendo-o assim cair no património comum.

No país vizinho, o legislador estabeleceu uma presunção do carácter *ganancial*, quando outra não seja a vontade expressa dos cônjuges – cfr. *art. 1.355* do *Codigo Civil* espanhol. A dúvida subsiste quando o documento de aquisição faz a menção usual de que os cônjuges adquirem *por mitad*, sendo discutível se tal significa a atribuição de uma quota. Segundo LACRUZ BERDEJO o preceito não só permite a atribuição de natureza *ganancial* no acto de aquisição do bem, o que já resultaria das regras aplicáveis à *comunidad de gananciales*, mas também, e mais importante, que, por acordo entre os cônjuges, seja atribuída natureza *ganancial* a um bem que era próprio [144].

[144] *Derecho de Familia...*, cit., pág. 287.

IV - PARTILHA DOS BENS COMUNS

A partilha é o acto pelo qual se põe termo à indivisão de um património [145], é o meio técnico-jurídico especialmente previsto para fazer cessar essa indivisão num património comum [146]. Na indivisão hereditária, é o acto jurídico que visa a atribuição definitiva aos herdeiros dos bens do *de cujus* [147]; assim como na comunhão conjugal visa a atribuição definitiva aos cônjuges dos bens comuns, através do preenchimento da respectiva meação. Assim, a partilha pressupõe a existência de mais do que um titular desse património [148].

Distingue-se, assim, da divisão de coisa comum, a qual partindo de uma sobreposição de direitos, individualizados e quantificados, sobre uma mesma coisa, obtém-se, naturalmente, pelo fraccionamento da própria coisa na proporção das quotas, excepto no caso de coisas indivisíveis, em que a divisão dá lugar à adjudicação ou venda da coisa, efectuando-se o fraccionamento do valor da coisa [149].

É controversa a natureza do acto de partilha, entre declarativa ou atributiva, mas a maioria dos autores opta por soluções que negam o carácter atributivo da partilha, considerando-a como acto modificativo.

---

[145] V. Pamplona Corte-Real, *Direito da Família e das Sucessões*, vol. II – *Sucessões*, Lex, 1993, pág. 283.

[146] Carvalho Fernandes, *Lições de Direito das Sucessões*, *Quid Juris*, 1999, pág. 312. Oliveira Ascensão, *Direito Civil, Sucessões*, cit., pág. 526, chama a atenção para o facto de a partilha não ser o único modo de pôr termo à indivisão, que pode ser substituída, por exemplo, por uma situação de compropriedade ou por uma sociedade civil.

[147] Carvalho Fernandes, ob. cit., pág. 313.

[148] Capelo de Sousa, *Lições de Direito das Sucessões*, vol. II, cit., pág. 126.

[149] Carvalho Fernandes, *Lições de Direitos Reais*, cit., págs. 336 e 337.

As duas posições a seguir enunciadas, elucidam bem o pensamento dominante sobre a matéria: PEREIRA COELHO [150] entende tratar-se de um negócio certificativo, na medida em que se destina a tornar certa uma situação anterior, pois «o direito a bens determinados que existe depois da partilha é o mesmo direito a bens indeterminados que existia antes da partilha, apenas modificado no seu objecto».

OLIVEIRA ASCENSÃO [151], chamando a atenção para a ficção de considerar a partilha meramente declarativa, atribui-lhe carácter modificativo, porquanto transforma o direito não exclusivo sobre a totalidade da herança num direito exclusivo sobre elementos determinados, dando assim lugar a uma alteração do objecto e do conteúdo dos direitos preexistentes. [152]

Tal como o direito à divisão da coisa comum, regulado no art. 1412.º, o direito de partilhar é irrenunciável (art. 2101.º/2), apenas se admitindo a convenção de indivisão por períodos limitados, ainda que renováveis [153]. Logicamente, um e outro são também direitos imprescritíveis [154]. Simplesmente o direito de partilhar, no caso da comunhão conjugal, por razões que se prendem directamente com o fim a que está adstrito, só surge na esfera jurídica dos cônjuges após a dissolução da comunhão (arts. 1688.º e 1689.º).

---

[150] É o entendimento de PEREIRA COELHO, *Direito das Sucessões*, lições recolhidas por ARTUR MARQUES e HELDER RUI LEITÃO, 3.ª ed., UNITAS, Coimbra, 1968, págs. 247 e ss.; também subscrito no Ac. RE de 21-01-1988 (FARIA SOUSA), CJ, 1988, t. I, pág. 262. No mesmo sentido CAPELO DE SOUSA, *Lições de Direito das Sucessões*, vol. II, cit., págs. 318 e ss.

[151] OLIVEIRA ASCENSÃO, *Direito Civil, Sucessões*, cit., págs. 545 e ss.

[152] Em sentido próximo leia-se GOMES DA SILVA, *Curso de Direito das Sucessões*, Apontamentos das lições do ano lectivo de 1952-53, AAFDL, 1955, pág. 303; PIRES DE LIMA/ANTUNES VARELA, *Código Civil...*, vol. VI, págs. 195 e 196; PAMPLONA CORTE-REAL, *Direito da Família ...*, vol. II – *Sucessões*, cit., pág. 284, para quem a questão perdeu alcance perante o teor do art. 2119.º; e CARVALHO FERNANDES, *Lições de Direito das Sucessões*, cit., págs. 318 e ss.

[153] Sobre a aproximação da partilha ao direito à divisão da coisa comum, v. PIRES DE LIMA/ANTUNES VARELA, *Código Civil...*, cit., vol. VI, 1998, pág. 164.

[154] V. PIRES LIMA/ANTUNES VARELA, *Código Civil...*, cit., vol. VI, pág. 165; OLIVEIRA ASCENSÃO, *Direito Civil, Sucessões*, cit., pág. 527; CAPELO DE SOUSA, *Lições de Direito das Sucessões*, vol. II, cit., pág. 128.

Assim, a partilha dos bens comuns é *naturalmente* posterior à dissolução da comunhão conjugal, enquanto que na compropriedade ordinária, a divisão do bem coincide com a cessação da contitularidade [155]. Daí a relevância de analisar no presente trabalho, por um lado, as causas de dissolução da comunhão e, por outro, a natureza e regime do património que subsiste na titularidade de ambos os cônjuges, entre o momento da dissolução da comunhão e o momento da sua partilha [156].

A partilha da comunhão conjugal pode coexistir com a partilha da herança nos casos de dissolução do casamento por morte. Aí, haverá na verdade duas partilhas, sujeitas a regras distintas (cfr. arts. 1404.º/3 e 1326.º do CPC) [157].

1. Causas da dissolução da comunhão

Em princípio, a dissolução da comunhão patrimonial só deveria ocorrer uma vez extinta a relação jurídica familiar do casamento, que lhe serve de suporte. Porém, nem sempre assim acontece.

Em primeiro lugar, a comunhão conjugal de bens, enquanto regime matrimonial, pode extinguir-se na vigência do casamento, o que consubstancia uma modificação do regime de bens (passagem de um regime de comunhão para o regime da separação de bens) e do próprio *regime patrimonial primário* a que os cônjuges estão

---

[155] Esta diferença lógica é salientada por FRANCESCO CORSI, *Il regime patrimoniale della famiglia*, cit., pág. 172.

[156] Partilha essa que pode nunca ocorrer. Não raro, quando ocorre dissolução do casamento por morte, os filhos e o cônjuge sobrevivo mantêm a titularidade indivisa do património (meação e bens próprios) do falecido.

[157] PAMPLONA CORTE-REAL alerta para as dificuldades emergentes desta dualidade no que respeita ao critério da valorização dos bens, pois enquanto que o Livro V do Código Civil aponta para uma avaliação dos bens hereditários à data da morte (arts. 2162.º e 2109.º/3), o Livro IV é omisso quanto ao momento relevante para a avaliação dos bens comuns do casal (*Relatório...*, cit., págs. 41 e 42). V. Ainda CAPELO DE SOUSA, *Lições de Direito das Sucessões*, vol. II, cit., pág. 153.

submetidos. Tal ocorrerá, apenas, nos casos expressamente previstos na lei, a que nos referiremos de seguida.

Em segundo lugar, as causas de extinção enunciadas no art. 1688.º – dissolução e invalidação do casamento – têm efeitos diversos no que respeita às relação patrimoniais dos cônjuges e, em concreto, à comunhão de bens

Na verdade, há uma importante diferença, do ponto de vista dos efeitos, entre a dissolução e a invalidação do casamento.

A primeira faz cessar para futuro os efeitos da relação matrimonial (1688.º), mantendo os efeitos já produzidos (embora, no caso de divórcio, varie o momento da cessação, consoante se trate de efeitos pessoais ou de efeitos patrimoniais – art. 1789.º).

A segunda, para além de fazer cessar para futuro os efeitos da relação matrimonial (1688.º), tem, em princípio, uma eficácia retroactiva própria da anulação ou da declaração de nulidade (no caso do casamento católico), nos termos gerais do disposto no art. 289.º A destruição retroactiva dos efeitos produzidos pelo casamento até à sua invalidação só é limitada ou impedida pela alegação do casamento putativo, quando preenchidos os respectivos requisitos de aplicação (art. 1647.º).

Ou seja, um casamento declarado nulo ou anulado, em que não se verifiquem os pressupostos de aplicação do regime do casamento putativo ou em que, não obstante preenchidos, os interessados não tenham requerido a sua aplicação [158], verá destruídos retroactivamente os seus efeitos de facto.

Do ponto de vista da comunhão conjugal, tudo se passará como se esta não tivesse existido, havendo lugar a uma reconstituição da situação anterior ao casamento invalidado, através da obrigação de restituição simultânea e recíproca (arts. 289.º e 290.º).

Em suma, havendo invalidação do casamento, apenas haverá lugar à partilha de bens, no caso de a comunhão de bens que vigorou

---

[158] No entendimento de que o tribunal não pode conhecer oficiosamente dos efeitos putativos, dependendo a respectiva declaração da iniciativa e do impulso processual dos interessados veja-se o Ac. RL de 07-05-1987 (RICARDO VELHA), CJ 1987, t. III, págs. 78 a 80.

durante o casamento ter produzido efeitos putativos que possam ser salvaguardados por aplicação do regime do art. 1647.º [159]

No caso de dissolução do casamento – que ocorre por morte ou divórcio [160] – esta acarreta necessariamente a dissolução da comunhão conjugal, como integrante das relações patrimoniais dos cônjuges, efectuando-se a partilha, no primeiro caso entre o cônjuge sobrevivo e os herdeiros do que faleceu (pelo que o sobrevivo assume o duplo papel de meeiro e herdeiro) e, no segundo caso, entre os próprios cônjuges.

A lei prevê seis situações que podem dar origem à dissolução da comunhão na pendência do casamento (art. 1715.º), que passamos a enumerar:

1. Separação judicial de bens (art. 1770.º);
2. Separação de pessoas e bens (arts. 1795.º-A e 1688.º) [161];
3. Execução de bens comuns por dívida própria de um dos cônjuges (arts. 825.º e 1406.º do CPC);
4. Instauração da curadoria definitiva por ausência do cônjuge (art. 108.º) ou declaração da sua morte presumida (arts. 115.º e 116.º) [162];

---

[159] Em sentido concordante RITA LOBO XAVIER afirma que o art. 1688.º apenas se refere, no caso de nulidade ou anulação do casamento, aos efeitos patrimoniais do casamento putativo (*Reflexões sobre a posição do cônjuge meeiro em sociedades por quotas*, Separata do BFDUC, XXXVIII, Coimbra, 1993, págs. 136 e ss.); e FRANCISCO DOS SANTOS AMARAL NETO, *A relação jurídica matrimonial*, *Revista de Direito Comparado Luso-Brasileiro*, Ano II, n.º 2, Janeiro 1983, pág. 191.

[160] Ou através da causa de dissolução própria do casamento católico, a dispensa do casamento rato e não consumado (cânones 1697 a 1706 do Código de Direito Canónico).

[161] Hoje já não é correcto falar-se em «separação judicial de pessoas e bens», uma vez que o processo de separação de pessoas e bens por mútuo consentimento é, desde Janeiro de 2002, exclusivamente administrativo, por força da entrada em vigor do Decreto-Lei n.º 272/2001, de 13 de Outubro (art. 12.º/1, al. *b)*).

[162] Neste último caso o casamento não é dissolvido, mas torna-se *dissolúvel*, segundo a explicação de PEREIRA COELHO/GUILHERME DE OLIVEIRA, *Curso...*, cit., pág. 271. Este regime, algo confuso, tem sido alvo de muitas críticas – v. OLIVEIRA

5. Falência de um dos cônjuges (art. 201.º/1, *b)* do Código dos Processos Especiais de Recuperação da Empresa e de Falência);
6. Modificação do regime de bens prevista em convenção antenupcial sujeita a termo ou condição (art. 1713.º).

Apenas a última situação mencionada traduz uma cessação voluntária da comunhão (ainda que uma cessação programada *ab initio*, na convenção antenupcial, e dependente de um evento futuro, certo ou incerto), cuja singularidade se destaca num regime construído sobre o princípio da imutabilidade, conforme tivemos ocasião de referir.

Todos os restantes casos dependem da verificação de determinados pressupostos, não exclusivamente dependentes da vontade dos cônjuges [163]. E de entre estes, apenas o primeiro tem como finalidade a dissolução da comunhão de bens e como fundamento vicissitudes da própria comunhão (no caso, a administração danosa por parte de um dos cônjuges). Nas demais situações enumeradas, a cessação da comunhão de bens surge como um efeito derivado da aplicação dos institutos referidos, que visam tutelar interesses distintos, dos cônjuges ou de terceiros, em alguns casos alheios à relação familiar do casamento.

Cumpre fazer uma nota de destaque quanto à separação judicial de bens, como forma exclusiva de fazer cessar a comunhão de bens com base em vicissitudes da própria comunhão. O âmbito de aplicação do art. 1767.º é bastante restrito, uma vez que o pedido de separação

---

ASCENSÃO, *Direito Civil, Teoria Geral*, vol I., cit, págs. 171 e 172; PIRES DE LIMA/ANTUNES VARELA, *Código Civil ...*, cit., vol.I, 4.ª ed., pág. 130.

[163] Não se ignora a eventual utilização do divórcio por mútuo consentimento como modo indirecto e fraudulento de fazer cessar a comunhão conjugal em prejuízo dos seus credores. Os *divórcios simulados* tiveram grande generalização no início do século XX, como forma de contornar a inalienabilidade dos bens dotais, a tal ponto que foi alterado o art. 1156 do Código de Seabra, passando a permitir-se o levantamento do ónus dotal apenas por falecimento de qualquer dos cônjuges – cfr. PAULO CUNHA, *Direito da Família*, cit., págs. 634 e 635; e PIRES DE LIMA/BRAGA DA CRUZ, *Direitos de Família*, cit., pág. 81.

judicial de bens apenas pode ser fundamentado nas situações de «perigo de perder o que é seu», em consequência da má administração do outro cônjuge. A versão final do Código Civil de 1967 não acolheu a sugestão de BRAGA DA CRUZ no sentido do alargamento das situações em que se pudesse provocar uma partilha prematura [164].

Noutros ordenamentos jurídicos, o pedido de separação de bens tem uma base de aplicação bastante mais alargada, abrangendo um conjunto de situações que traduzem infracções às regras de administração do património comum ou aos deveres de conteúdo patrimonial.

No direito alemão, o § 1469 do BGB prevê a *Aufhebungsklage* (acção de resolução, numa tradução literal), que permite ao cônjuge requerer junto do tribunal a dissolução prematura da comunhão com fundamento no seguinte [165]:

- Perigo para os direitos de um cônjuge, em consequência de o outro praticar sozinho actos de administração que cabiam a ambos;
- Recusa injustificada de um dos cônjuges em participar na administração da comunhão, nos termos legais;
- Incumprimento da obrigação de contribuir para os encargos da vida familiar, quando o sustento familiar esteja consideravelmente comprometido no futuro;
- Sobreendividamento do património comum, imputável a um dos cônjuges, que ponha em perigo aquisições futuras;
- Quando os direitos de um cônjuge sobre o património comum estejam sob o regime de assistência (*Betreuer*), em consequência do estado de saúde física ou mental desse cônjuge [166].

---

[164] *Capacidade patrimonial...*, cit. pág. 414, também referido por PEREIRA COELHO/GUILHERME DE OLIVEIRA, *Curso...*, cit., pág. 437.

[165] V. CARLOS-JAVIER RODRÍGUEZ GARCÍA, *Un intento de aproximación al estructuralismo jurídico ...*, cit., págs. 351 e 352; FRÉDERIQUE FERRAND, *Droit privé allemand*, Dalloz, 1997, pág. 483.

[166] A *Betreuung* substitui o regime de tutela e curatela de maiores, que já não existe no direito alemão – v. FRÉDERIQUE FERRAND, ob. cit. pág. 483.

Em Espanha, o art. *1.393* do Código Civil, prevê como fundamentos da acção destinada a obter a dissolução da *comunidad de ganaciales*, para além de situações de incapacidade de um dos cônjuges e de administração patrimonial danosa, ainda os seguintes:

- Separação de facto há mais de um ano, por mútuo acordo ou por abandono do lar conjugal [167];
- Incumprimento grave e reiterado do dever de informar sobre o andamento e rendimentos das suas actividades económicas. [168]

A relativa estreiteza do nosso regime de separação judicial de bens, conjugada com as escassa responsabilidade que o art. 1681.º permite assacar ao cônjuge que pratique actos prejudiciais à comunhão de bens, enfraquece a defesa do património comum e em nada contribui para a sobrevivência da relação conjugal.

Nos regimes jurídicos onde, ao contrário do nosso, vigora o princípio da *mutabilidade* do regime de bens, uma das causas principais de dissolução da comunhão durante a vigência do casamento é precisamente o acordo dos cônjuges, no sentido de passarem de um regime de comunhão para o regime de separação de bens. O inquérito à opinião pública efectuado pelo *Ministério da Justiça* francês em 1975, a que já aludimos [169], demonstrava que, a par da escassa celebração de convenções antenupciais, se verificava um número muito maior de modificações do regime matrimonial, nos dez anos de vigência da *loi du 13 juillet 1965*, que veio introduzir essa possibilidade [170]. Em Itália, para além de os cônjuges poderem lançar

---

[167] Desta forma se podem evitar os malefícios da manutenção da comunhão de bens entre cônjuges separados, sendo certo, no entanto, que a separação de facto tem, no direito espanhol, efeitos jurídicos muito diversos daqueles que a nossa lei prevê, podendo, inclusive, determinar o afastamento do cônjuge sobrevivo da sucessão do falecido (cfr. *art. 834 e art. 945*).

[168] V. LACRUZ BERDEJO e OUTROS, *Derecho de Familia*, cit., págs. 350 e ss.

[169] Cfr. supra n. II – 1.

[170] São os dados relatados por MICHEL MOREAU, *La reforme française des régimes matrimoniaux, vingt ans après*, separata do vol. LX (1984) do BFDUC, Coimbra, 1985, pág. 7, que salienta que a modificação do regime matrimonial

mão, a todo o tempo, do *mutamento convencionale del regime patrimoniale*, alguns autores discutem a viabilidade de uma dissolução convencional e parcial, ou seja, reportada apenas a um ou alguns bens comuns [171].

1.1. *Divórcio por mútuo consentimento, em especial*

Como já referimos, e é demonstrado pela elevada taxa de divorcialidade, o divórcio traduz uma importante forma de dissolução da comunhão, não se antevendo qualquer tendência para o inverter da situação [172]. Em dados referentes ao ano de 1993, as separações de pessoas e bens e os divórcios, por mútuo consentimento, constituíram o segundo litígio mais importante nos nossos tribunais [173].

---

corresponde, muitas vezes, a momentos determinados da vida de um casal: acumulação de bens, desenvolvimento de uma actividade profissional ou comercial, preparação de uma sucessão. Neste último caso estaremos, em regra, perante a situação inversa à relatada no texto, pois pretender-se-à a de passagem de um regime separatista para o regime de *communauté universelle*, como forma de assegurar direitos ao cônjuge sobrevivo.

[171] V. FRANCESCO CORSI, Il regime patrimoniale..., cit., pág. 180.

[172] De acordo com informações do INE, a taxa de divorcialidade, em Portugal, entre 1992 e 2001, passou de 1,2 para 1,8 divórcios por mil habitantes, equivalente a um acréscimo de cerca de 50%. Demonstra-se, ainda, um crescimento acentuado dos divórcios em casamentos recentes (dos 0 aos 4 anos), mas também se demonstra que não há casamentos estáveis mesmo que durem há bastante tempo, tendo aumentado o número de divórcios de casamentos com 25 ou mais anos, de 13,0% (1992) para 15,5% (2001). – informação constante de *A divorcialidade em Portugal 2001*, em *www.ine.pt/prodserv/destaque...* Ainda assim, os números citados são significativamente mais baixos que os apresentados, por exemplo, nos países escandinavos – cfr. os dados constantes de SVEND DANIELSEN, *The scandinavian approach: administrative and judicial resolutions of family conflits, in AA. V.V, Familles & Justice, Justice civile et evolution du contentieux familial en droit comparés*, Actes du Congrès international organisé par le centre de Droit de la Famille de l´Université Catholique de Louvain, Bruxelles, 5-8 juillet 1994, Bruylant Bruxelles, 1997., pág. 144.

[173] São os dados do estudo de BOAVENTURA SOUSA SANTOS e OUTROS, *Os Tribunais nas sociedades contemporâneas. O caso português*, Edições Afrontamento, 1996, pág. 132.

Vivemos a era do divórcio sem culpa, onde o casamento se tornou uma «union legitimée par le sentiment» [174]. Como refere GUILHERME DE OLIVEIRA, há uma tendência para facilitar a «entrada e saída do estado de casado», através da diminuição dos impedimentos matrimoniais e da facilitação do divórcio [175]. Portugal ainda se situa *a meio da tabela* nas facilidades concedidas ao divórcio litigioso, atendendo à relevância que é dada à violação culposa dos deveres conjugais como causa do divórcio e à exigência de um período de separação de facto relativamente prolongado [176].

Curiosamente, nos tempos mais recentes, verificam-se também evoluções no sentido de dificultar o divórcio. Em alguns Estados dos Estados Unidos da América [177], permite-se aos nubentes optar pelos *covenant marriage statutes* que envolvem uma maior vinculação ao casamento, a qual não seria permitida sob a *no-fault divorce law*. A ideia de que o casamento sairá fortalecido, dificultando-se a saída do mesmo, é, naturalmente, susceptível de muitas críticas e não falta quem, nos Estados Unidos, proclame que estas são «*coercive legislative*

[174] JANINE REVEL, *Les conventions entre époux desunis (Contribuition à l'étude de la notion d'ordre public matrimonial)*,JCP, *La Semaine Juridique*, Anné 1982, Doctrine I, 3055.

[175] *A reforma do Direito da Família em Macau*, cit., pág. 107.

[176] Na Alemanha, o divórcio tem como causa única a ruptura da vida em comum (*Scheitern der Ehe*), que pode ser invocada a todo o tempo, embora com requisitos mais exigentes quando a ruptura se verifique há menos de um ano (cfr. §§ 1565 e 1566 do BGB) – v. FRÉDERIQUE FERRAND, *Droit privé allemand*, cit, págs. 491 e ss.. No direito espanhol, o *cese de la convivencia conyugal* relevante para efeitos de divórcio litigioso varia entre 2 e 5 anos, consoante haja, ou não, separação de facto. Em França foi apresentada, no final de 2001, uma proposta de lei «*portant réforme du divorce*», cujo objectivo principal é a substituição do *divorce pour faute* pelo *divorce pour rupture irrémédiable du lien conjugal* – cfr. HERVÉ LÉCUYER, *Brèves observations sur la proposition de loi «portant réforme du divorce», Droit de la famille, JurisClasseur*, n.º 12, Décembre 2001, págs. 4 e ss.

[177] É o caso dos Estados de Louisiana e Arizona – ELISABETH SCOTT, *Marital commitment and the legal regulation of divorce, in* AA.VV., *The Law and Economics of Marriage and Divorce*, Cambridge University Press, 2002, págs. 35 e ss.

initiatives that undermine personal freedom» [178]. Na Áustria, apesar de ter havido reformas recentes no regime jurídico do divórcio, introduzidas por uma lei que entrou em vigor em Janeiro de 2000, o princípio da culpa como fundamento do divórcio não foi substituído pelo princípio da ruptura [179].

Mas no que respeita ao divórcio por mútuo consentimento Portugal conta-se entre os países onde este está mais facilitado[180], na medida em que não carece de indicação de causa, pode ser pedido a todo o tempo, sem exigência de um período de carência ou de duração mínima do casamento (cfr. art. 1775.º/1, na redação dada pela Lei n.º 47/98, de 10 de Agosto) [181], e é decretado administrativamente, nos termos actualmente previstos no Decreto-Lei n.º 272/2001, de 13 de Outubro [182].

---

[178] *Idem.* No entender da A. citada, outras soluções são preferíveis, tais como a adopção de um «*mandatory waiting period before divorce or remarriage*», em termos algo idênticos aos que vigoram em muitos países europeus.

[179] SUSANNE FERRARI, *La riforma austriaca del diritto matrimoniale, Familia, Rivista di diritto della famiglia e delle successioni in Europa*, 1, *gennario-marzo* 2001, *Giuffré Editore*, págs. 165 e ss.

[180] Para uma análise comparativa das diferentes concepções do divórcio em vários países europeus, incluindo Portugal, pode ler-se HENRICH DIETER, *La réforme du droit italien de la famille...*, cit., pág. 46 e ss.

[181] Comparativamente, por exemplo, o *art. 230 al. 3* do *Code Civil* francês exige seis meses de duração mínima do casamento – v. AA.VV., *Droit de la famille*, Dalloz, 1999, págs. 223 e ss.; e em Espanha, a separação por acordo – que não carece de indicação de causa – só pode ser pedida *una vez transcurrido el primer año del matrimónio* (*art. 81-1º Codigo Civil*), enquanto que o divórcio exige, no mínimo, *o cese efectivo de la convivencia conyugal durante, al menos, un año ininterrumpido* (*art. 86-1.ª*).

[182] Apesar das escassas revogações expressas ao Código Civil e Código de Processo Civil (cfr. art. 21.º), este diploma veio, na verdade, derrogar substancialmente parte dos regimes aí previstos, dificultando a compreensão do regime do divórcio por mútuo consentimento, especialmente para quem desconheça a evolução das alterações legislativas. *V.g.* o art. 1776.º do Código Civil e os arts. 1419.º e ss. do Código de Processo Civil passaram a ser aplicáveis apenas em casos de conversão do divórcio litigioso em mútuo consentimento; e o art. 1773.º/2 do Código Civil está derrogado tacitamente.

2. Natureza do património comum após a dissolução da comunhão

Dissolvida a comunhão, concretiza-se na esfera jurídica dos cônjuges o direito sobre os bens que integram a comunhão, quantificado na respectiva meação. A partir desse momento, os cônjuges podem, a todo o tempo, sair da indivisão através da partilha, judicial ou extrajudicial, do património comum (art. 2101.º do Código Civil e art. 1404.º do Código de Processo Civil).

A indivisão que permanece no período entre a dissolução da comunhão e a partilha dos bens comuns tem uma natureza e regime distintos da comunhão conjugal que a precedeu. São bastantes elucidativos os termos utilizados entre os autores franceses e espanhóis para designar esta realidade: *indivision post-communautaire* e *comunidad postganacial* ou *comunión postmatrimonial*.

As diferenças do regime desta *indivisão pós-comunhão* [183] são manifestas:

- Na sua titularidade tanto se podem manter os cônjuges (ou ex-cônjuges) como o cônjuge sobrevivo juntamente com os herdeiros do falecido;
- Os titulares podem dispor da sua meação, designadamente alienando-a, assim como pode ser objecto de penhora para pagamento de dívidas da responsabilidade exclusiva de um deles;
- Têm um direito irrenunciável à partilha;
- A administração dos bens deixa de fazer-se pelas regras que vigoraram durante o casamento, mas a lei é omissa quando às novas regras de administração. Julga-se de aplicar a regra especialmente prevista para o processo de inventário, de acordo com a qual o cabeça-de-casal é o ex-cônjuge mais velho (art. 1404º/2 CPC [184]);

---

[183] Ou *indivisão pós-conjugal*, mas este termo não se aplica com propriedade aos casos em que se dissolve a comunhão, mas permanece a relação conjugal.

[184] Na redacção que lhe foi dada pelo Decreto-Lei n.º 368/77, de 3 de Setembro, em consequência do princípio da igualdade jurídica dos cônjuges

- O activo e o passivo da comunhão perdem a mutabilidade que os caracterizava anteriormente [185];
- O activo continua especialmente afecto ao passivo comum.

Utilizando a expressão de MANUEL DE ANDRADE, ter-se-á passado de uma comunhão «*colectivística*» para uma comunhão «*individualística*»[186], onde cada comuneiro detém uma quota abstracta de 50% sobre o conjunto do património comum, mas não uma quota concreta sobre os bens que o integram.

PEREIRA COELHO e GUILHERME DE OLIVEIRA[187] esclarecem que esta é uma situação idêntica à da herança indivisa, mas distinta da compropriedade, pois o direito dos cônjuges continua a não incidir sobre cada bem concreto, mas sobre o património comum, no seu conjunto. Em sentido próximo pode ler-se o Ac. RE de 07-07-1992 (COSTA SOARES)[188], que tendo considerado os ex-cônjuges titulares de «uma fracção de uma universalidade, e não de tantas fracções indivisas quantos os bens comuns», decidiu não ser possível a inscrição do

---

consagrado no n.º 3 do art. 36.º da Constituição (no regime anterior o cabeça-de-casal era sempre o marido).

[185] A indivisão que se segue à dissolução da comunhão não *cristaliza* totalmente, pois pode ainda sofrer modificações derivadas dos frutos ou rendimentos dos bens comuns, podem ocorrer situações de sub-rogação e pode também ver o passivo aumentado em consequência da própria manutenção do património – neste sentido v. ANDRE COLOMER, *Droit Civil...*, cit., pág. 486.; LACRUZ BERDEJO e OUTROS, *Derecho de Familia*, cit., pág. 354.

[186] Este autor, reportando-se à figura da propriedade colectiva em geral (de que seria um *exemplar bastante correcto* a comunhão conjugal), refere que após a extinção do vínculo que lhe subjaz, a propriedade colectiva «degenera em comunhão ou compropriedade de tipo romano», podendo qualquer dos interessados dispor da sua parte ideal e pedir a divisão da massa patrimonial comum – *Teoria Geral...*, vol. I, cit., págs. 225 e 226.

[187] *Curso...*, cit., pág. 670. Também no sentido de que a estrutura e regime da *comunidad postmatrimonial* equivale ao da *comunidad hereditaria* v. LACRUZ BERDEJO e OUTROS, *Derecho de familia*, cit., págs. 353 e 354; e MANUEL PEÑA BERNALDO DE QUIROS, *Derecho de Familia, Seccion de Publicaciones, Facultad de Derecho Universidad Complutense*, 1989, pág. 283 e ss.

[188] CJ, 1992, t. IV, págs. 295 e ss.

registo predial da aquisição, a favor dos ex-cônjuges, de metade indivisa de um prédio incluído no património comum [189].

CUNHA GONÇALVES referia-se a uma «comunhão em liquidação» semelhante à das sociedades dissolvidas [190]. Esse aspecto *liquidatário* tem também sido salientado em Espanha, onde a *comunidad postganancial* tem preocupado a doutrina e a jurisprudência, que realçam a importância da questão em virtude de também a lei espanhola não conter uma regulamentação expressa da mesma.

Apesar da profusão de doutrinas quanto à natureza da *comunidad* propriamente dita [191], é ponto quase unânime o reconhecimento de quotas abstractas sobre o *«totum» ganancial*, mas não de quotas concretas sobre cada um dos bens. Tem ainda sido salientada a sua transi-toriedade, destinada como está à liquidação, e a afectação a certas dívidas, própria de um património autónomo [192]. Em França entende-se que à *indivision post-communautaire* já não são aplicáveis

---

[189] Veja-se ainda o Ac. STJ de 25-11-1998 (PINTO MONTEIRO), BMJ n.º 481, 1998, págs. 492 e ss., que embora considerando que os bens a partilhar, após o divórcio, não constituem um património autónomo, como a herança jacente, aplica àqueles, por analogia, aspectos do regime desta (no caso, tratava-se do art. 2092.º). Contrariamente, no Ac. RC de 27-09-1994 (SANTOS LOURENÇO) CJ, 1994, t. V, págs. 31 e ss., afirma-se o seguinte: «Dissolvido o casamento por divórcio, os bens comuns, por força da retroacção prevista no art. 1789.º/1 do CC, passam a estar sujeitos, desde a propositura da acção, ao regime do art. 1403.º e ss.». Não se subscreve esta solução nem a interpretação que o Tribunal faz da retroactividade dos efeitos patrimoniais do divórcio – cfr. infra n.º V – 2.4.

[190] *Tratado...*, vol. VI, cit., pág. 457.

[191] MANUEL RIVERA FERNÁNDEZ dá-nos conta dessa diversidade: alguns autores consideram tratar-se de uma espécie de *sociedad de gananciales continuada*, que só termina com a sua total liquidação, outros, como é o caso de LACRUZ BERDEJO, já citado, identificam-na com a *comunidad hereditaria antes de la partición*, apoiados na remissão que o *art. 1410* do *Código Civil* faz para as normas próprias da liquidação e partilha da herança; outros ainda, vêm nela uma *comunidad ordinaria*, embora com quotas abstractas sobre o *«totum ganacial»* (*La comunidad postganancial*, J.M.Bosch Editor, Barcelona, 1997, págs. 31 e ss.).

[192] Assim MANUEL RIVERA FERNÁNDEZ, *La comunidad...*, cit., pág. 41, que a qualifica como *«patrimonio autónomo en liquidación»*.

as normas especiais da *communauté entre époux*, mas antes o *droit commun de l'indivision* [193]. Entre os autores italianos, muitos consideram tratar-se de uma comunhão transitória, semelhante à comunhão hereditária; outros apontam para uma situação semelhante à dissolução da sociedade simples (destituída de personalidade jurídica); havendo também quem defenda a existência de uma *comunione ordinaria* (compropriedade), à qual se devem aplicar as regras gerais dos *art. 1110* e ss. do *Codice Civil* [194].

A tomada de posição sobre a natureza da *indivisão pós-comunhão* releva na escolha do quadro normativo que lhe deve ser aplicável perante a omissão da lei. Além do mais, esta situação, ainda que tendencialmente transitória, pode perdurar [195], suscitando os problemas próprios das relações de contitularidade, já exemplificados nos arestos anteriormente referidos. Na linha do que já se referiu, o regime mais próximo desta situação é de facto o da comunhão hereditária:

- Tal como a herança, compõe-se de situações jurídicas activas e passivas, e tem um certo grau de autonomia patrimonial, na medida em que responde prioritariamente por certo tipo de dívidas (embora não se possa falar de uma autonomia patrimonial total, semelhante à que caracteriza o acervo hereditário);

---

[193] V. ANDRÉ COLOMER, *Droit Civil, Régimes matrimoniaux*, cit., págs. 427 e ss; FRANÇOIS TERRÉ/PHILIPPE SIMLER, *Droit Civil, Les biens*, cit., pág. 504. Em sentido próximo, no direito belga, v. GEORGE MAHIEU, *Partage et cession...*, cit., pág. 39.

[194] Cfr. GIOVANNI INGINO, *Gli effetti dello scioglimento della comunione legale sui rapporti patrimoniale tra coniugi anteriormente alla divisione, Quadrimestre, Rivista di Diritto Privato*, n. 2, 1989, págs. 322 e ss., *maxime*, 330. V. também MICHELE FRAGALI, *La comunione*, cit., pág. 128.

[195] A indivisão resultante da dissolução da comunhão tende a prolongar-se entre o cônjuge sobrevivo e os demais herdeiros do falecido, especialmente se estes forem filhos comuns. Na Alemanha, os cônjuges podem mesmo convencionar em contrato matrimonial (*Ehevertrag*) que o regime convencional de comunhão (*gemeinschaft zur gesamten Hand*) continue, após o falecimento do primeiro, entre o cônjuge sobrevivo e os seus herdeiros (*fortgesetzte Gütergemeinschaft* – § 1483 do BGB), tendo o cônjuge sobrevivo o poder de se recusar a continuar a comunhão e de decidir a todo o momento a sua dissolução (§§ 1484 e 1492) – v. FRÉDERIQUE FERRAND, *Droit privé allemand*, cit., pág. 484.

- Há uma mudança estrutural no direito dos ex-cônjuges (ou um deles e os herdeiros do falecido): passa a estar individualizado e quantificado – cada qual dispõe da meação – mas continua a incidir sobre um todo (composto por um activo e um passivo) e não sobre bens concretos (no que se distancia da compropriedade e aproxima do quinhão hereditário);
- A sua administração incumbe ao cônjuge mais velho, por aplicação da regra prevista para o processo de inventário (art. 1404.º/2 do CPC)[196].

A proximidade entre a indivisão que surge após a dissolução da comunhão e a comunhão hereditária revela-se ainda na forma como ambas se extinguem: através da partilha, seguindo a primeira o modelo da partilha hereditária, quer quando realizada em processo judicial de inventário (arts. 1326.º/3 e 1404.º do CPC), quer quando efectuada extrajudicialmente (art. 2102.º do CC e art. 80.º/2, *j)* do Código do Notariado).

3. Operações da partilha

Já se tem dito que a dissolução da comunhão é como que um ponto de chegada, de finalidade última da comunhão, uma vez que só à data da dissolução se obtém o elenco final do seu activo e passivo, indispensável ao principal efeito dessa dissolução, a partilha[197].

---

[196] Perante o ordenamento jurídico espanhol, LACRUZ BERDEJO entende que a administração da *comunidad postmatrimonial* é feita em conjunto (*Derecho de familia*, cit., pág. 355). Também em França, se consideram aplicáveis as regras do *droit commun de l'indivision – cfr.* ANDRE COLOMER, *Droit Civil, Régimes matrimoniaux, cit., págs. 438 e ss.*. Embora a omissão da lei portuguesa possa dar lugar a interpretações diversas, a verdade é que as regras de administração relevam nas situações de conflito, pelo que não se vê grande utilidade numa solução deste tipo.

[197] FRANCESCO CORSI, ob. cit., pág. 172. Essa finalidade última da comunhão era já salientada por COELHO DA ROCHA, *Instituições de Direito Civil Portuguez*, 4.ª ed., t. I, Coimbra, Livraria Augusto Orcel, 1857, pág. 164, que afirmava ser a partilha o principal efeito da comunhão.

A partilha dos bens comuns implica as operações seguintes, por ordem cronológica [198]:

1. Reconstituição da massa comum, através da separação dos bens pertencentes aos patrimónios próprios dos cônjuges e da relação dos bens comuns e, ainda, pela identificação de eventuais direitos de crédito do património comum sobre os patrimónios próprios dos cônjuges;
2. Relacionamento do passivo da comunhão, i.e., das dívidas contraídas perante terceiros ou dos cônjuges um ao outro, pelas quais o património comum seja responsável em primeira linha (arts. 1689.º/1 e 2, 1695.º/1 e 1696.º/2). Esta reconstituição da massa comum coloca todos os problemas, já referidos, inerentes à determinação da comunicabilidade dos bens e à dificuldade de reconstituição da conta-corrente entre o património comum e os patrimónios próprios [199], e bem assim, as questões suscitadas sobre o momento da avaliação do activo em causa.
3. Liquidação do passivo comum, traduzida no seu pagamento pela ordem indicada no art. 1689.º Caso o passivo seja superior ao activo encontrado, não haverá, naturalmente, lugar à partilha por inexistência de bens ou valores;
4. Partilha propriamente dita, que consiste no preenchimento das meações com bens concretos ou valores [200].

---

[198] PEREIRA COELHO/GUILHERME DE OLIVEIRA, Curso..., cit., págs. 428 e ss, identificam três operações da partilha: separação dos bens próprios; liquidação do património comum e partilha propriamente dita. No mesmo sentido pode ler-se PIRES DE LIMA/ANTUNES VARELA, *Código Civil...*, vol. IV, cit., pág. 322; e GÉRARD CORNU, *Les régime matrimoniaux*, cit., pág. 465. Embora sem a pretensão de introduzir novidades, opta-se por seguir uma formulação mais detalhada e perspectivada a partir da comunhão, enquanto património líquido que será objecto da partilha.

[199] Em crítica à solução legal quanto ao momento em que estes créditos, bem como os créditos dos patrimónios próprios sobre o património comum, são exigíveis, pode ler-se PEREIRA COELHO/GUILHERME DE OLIVEIRA, *ob. cit.*, págs. 433 e ss.

[200] Sobre as operações necessárias à partilha dos bens comuns v. também JEAN CARBONNIER, *Droit Civil, La famille...*, cit. págs. 489 e ss.

Concluímos que as três primeiras operações mencionadas correspondem a operações preparatórias da partilha [201], que respeitam, verdadeiramente, à liquidação do regime matrimonial, enquanto que a última traduz a concretização do direito dos cônjuges, correspondente à parte ideal que lhes cabia no acervo comum.

Como já salientava CUNHA GONÇALVES [202] estas operações não são de simples contabilidade, mas verdadeira operações jurídicas que exigem o conhecimento da convenção antenupcial, dos contratos celebrados pelos cônjuges e, em geral, de todos os actos com repercussão nas massa patrimoniais, ocorridos durante o casamento. A liquidação implica a reconstrução da vida jurídica dos cônjuges desde a data do casamento até à dissolução da comunhão [203].

Em duas situações – previstas nos arts. 1719.º e 1790.º – verifica-se que a reconstituição da massa comum e a partilha, propriamente dita, não se regem pelo regime de bens que vigorou no casamento, mas pelas regras do regime escolhido para a partilha [204].

Ao abrigo do art. 1719.º, os esposados podem estipular em convenção antenupcial que o regime será o da separação de bens ou o regime da comunhão de adquiridos ou outro regime atípico, próximo destes, determinando que a partilha dos bens se fará de acordo com o regime da comunhão geral de bens, na condição simultânea de o casamento se dissolver por morte e à data haver descendentes comuns.

---

[201] Na partilha hereditária é habitual distinguirem-se operações preparatórias e operações da partilha propriamente dita, incluindo-se entre aquelas a descrição e avaliação dos bens hereditários e a liquidação dos encargos da herança, entre outras – cfr. CAPELO DE SOUSA, *Lições de Direito das Sucessões*, vol. II, cit., pág. 152; OLIVEIRA ASCENSÃO, *Direito Civil, Sucessões*, cit., págs. 527 e ss.

[202] *Tratado...*, vol. VI., cit., págs. 465 e ss.

[203] Cfr. a este respeito algumas das operações do processo de inventário: relação de bens (art. 1345.º CPC); indicação do valor (1346.º); reclamações da relação de bens ou do seu valor (arts. 1348.º e 1362.º); avaliações e licitações (arts. 1363.º); despacho sobre a forma da partilha (art. 1373.º); mapa da partilha (1375.º).

[204] No entendimento de que estes dois preceitos traduzem excepções ao princípio de que a partilha se faz segundo o regime de bens adoptado, v. PEREIRA COELHO/ GUILHERME DE OLIVEIRA, ob.cit., págs. 430 e 441.

Nestes termos, a liquidação do regime matrimonial i.e., a reconstituição da massa comum e/ou dos patrimónios próprios e respectivas compensações, bem como a liquidação do seu passivo, far-se-á de acordo com as regras determinadas pelo regime de bens que vigorou durante o casamento. No final, havendo bens ou valores, estes serão identificados, como comuns ou próprios, de acordo com o previsto nos arts. 1732.° a 1734.°, e posteriormente sujeitos à divisão por metade entre os cônjuges.

O art. 1790.°, por seu turno, traduz uma das penalizações do cônjuge declarado único ou principal culpado na sentença que decretou o divórcio ou a separação de pessoas e bens, e terá os efeitos acima descritos na seguinte situação, de aplicação bastante restrita[205]: quando o regime de bens do casamento tenha sido a comunhão geral de bens e, uma vez liquidado o regime matrimonial, tenha sido apurado um activo integrado por bens que seriam próprios do cônjuge inocente, se o regime escolhido tivesse sido a comunhão de adquiridos, caso em que a lei, para evitar o benefício do único ou principal culpado, determina que a partilha se faça de acordo com o regime da comunhão de adquiridos.

Nestes dois casos, portanto, apenas a liquidação do passivo da comunhão é feita de acordo com as regras do regime de bens que vigorou durante o casamento (cfr. arts. 1719.°/2 e 1790.°); a partilha e o inventário da massa líquida comum (quando aplicável) deverão seguir as regras do regime especialmente previsto para a partilha, desde que reunidos os pressupostos que determinam a sua aplicação[206].

---

[205] No mesmo sentido Pereira Coelho/Guilherme de Oliveira, *idem*, pág. 442. Sobre o regime do art. 1790.° cfr. Miguel Teixeira de Sousa, *O regime jurídico do divórcio*, cit., págs. 113 e 114.; França Pitão, *O processo de inventário (Nova tramitação)*, 3.ª ed., Almedina, 2001, págs. 293 e ss.; Lopes Cardoso, *Partilhas Judiciais*, vol. III, 4.ª ed., Livraria Almedina, 1991, págs. 382 e ss. Este último autor qualifica os arts. 1790.° e 1791.°/1 como verdadeiras «penas civis» contra o cônjuge declarado único ou principal culpado.

[206] A questão não é líquida no âmbito do art. 1790.°, havendo quem defenda que todas as operações da partilha se efectuam de acordo com o regime de bens do casamento (comunhão geral), mas no final o cônjuge culpado ou principal culpado não pode receber maior *valor* do que aquele que lhe caberia

Adiante se aquilatará da possibilidade de os cônjuges afastarem a regra de que a partilha é feita de acordo com o regime de bens que vigorou durante o casamento.

no regime da comunhão de adquiridos – cfr. PEREIRA COELHO/GUILHERME DE OLIVEIRA, *Curso...*, pág. 660. Em sentido próximo do enunciado no texto v. LOPES CARDOSO, *Partilhas Judiciais*, vol. III, cit., págs. 385, 386 e 397, que defende que o escopo da lei foi subtrair os bens em concreto e não um valor. A jurisprudência também se encontra dividida: cfr. Ac. STJ de 14-04-1999, BMJ n.º 486, pág. 312, por um lado, e Acs. RE de 21-05-98 e 13-10-98, BMJ n.ºs 477 e 480, págs. 589 e 564, por outro.

V – ACORDOS ANTECIPADOS DE PARTILHA

Pretende aqui agrupar-se um conjunto de situações em que a partilha dos bens comuns é acordada entre os cônjuges antes de dissolvida a comunhão de bens. O problema é saber em que termos são admissíveis tais acordos e quais os limites à sua celebração.

Portugal apresenta-se mais ou menos isolado na Europa, no que respeita ao tratamento que confere à partilha dos bens comuns em sede de processo de divórcio por mútuo consentimento.

Registam-se pouquíssimos casos em que foi celebrado acordo sobre a partilha dos bens comuns no próprio processo de divórcio por mútuo consentimento, pois, ao que parece, a omissão legislativa nesta matéria cria incertezas dificilmente ultrapassáveis. Em muitos outros países, pelo contrário, o próprio processo de divórcio prevê, aliás de forma obrigatória, a realização de acordos sobre a partilha dos bens no decurso da acção de divórcio, sob a égide *fiscalizadora* do tribunal.

Para contornar esta dificuldade, desenvolveu-se em Portugal a prática de celebrar, entre cônjuges desavindos, o denominado «contrato-promessa de partilha de bens comuns», como forma de acordar, na pendência do processo de divórcio ou como acto preparatório do mesmo, o destino do património comum. Na mesma linha, o notariado português tem vindo a celebrar a «escritura de partilha por divórcio sujeita a condição suspensiva». A utilização generalizada destes negócios jurídicos parece ter resultado, desde logo, de uma exigência dos próprios interessados, que, muitas vezes, condicionam o seu assentimento a um divórcio por mútuo consentimento ao prévio acordo sobre a partilha dos bens comuns.

Os negócios referidos foram, durante vários anos, objecto de veemente contestação quanto à sua validade jurídica: o contrato-promessa de partilha foi, recorrentemente, julgado inválido nas decisões dos tribunais de recurso; e a escritura sob condição, foi objecto de pareceres negativos do Conselho Técnico da Direcção-Geral dos Registos e do Notariado e de despachos de recusa de registo por parte de alguns conservadores do registo predial.

A doutrina que se debruçou sobre a questão tem, contudo, pugnado maioritariamente pela sua validade e o próprio Supremo Tribunal de Justiça veio alterar a sua posição em 1999, passando a decidir no sentido da validade do contrato-promessa de partilha.

Constata-se, assim, a existência de uma solução absolutamente singular num ordenamento como o nosso, que sempre se mostrou adverso ao acordo de partilha no âmbito do divórcio, mas que acaba por admitir o tratamento desta matéria no foro exclusivo da autonomia privada, fora do controlo das autoridades competentes para decretar o divórcio, e ultrapassando, por uma vez, a suspeita que invariavelmente recai sobre os negócios entre cônjuges.

A tal ponto se levou a autonomia dos cônjuges nesta matéria que se tem afirmado a admissibilidade destes negócios jurídicos independentemente do processo de divórcio.

1. Acordo de partilha no processo de divórcio por mútuo consentimento

O processo de divórcio por mútuo consentimento, ou de divórcio litigioso convertido em mútuo consentimento, apresenta-se, logicamente, como a sede própria para os cônjuges acordarem sobre os efeitos decorrentes da cessação das suas relações pessoais e patrimoniais, bem como sobre os que, eventualmente, irão perdurar para além da cessação do vínculo.

Prevê-se, assim, que ao requerimento de divórcio sejam juntos os acordos – para valerem na pendência do divórcio e após a sua decretação – relativos ao destino da casa de morada de família, aos alimentos entre cônjuges e à regulação do poder paternal sobre os filhos menores (art. 1775.º, art. 272.º do Código do Registo Civil e art. 14.º/2 do Decreto-Lei 272/2001).

A lei, no entanto, é omissa quanto a um eventual acordo sobre o *destino* do património comum, i.e., a sua partilha, apenas se exigindo a junção da «relação especificada dos bens comuns, com indicação dos respectivos valores» (actuais art. 272.º/1, *b)* do Código do Registo Civil e art. 1419.º/1, *b*) do Código de Processo Civil)[207].

O Supremo Tribunal de Justiça, em Acórdão de 18-02-1988, afirma que «a relação de bens que acompanha o requerimento para a separação por mútuo consentimento não visa determinar a forma de proceder à partilha, não tendo também a natureza de um negócio jurídico»[208].

Em sentido contrário, temos nota de uma sentença de um tribunal de primeira instância que, tendo decretado o divórcio por mútuo consentimento, homologou também o acordo de partilha dos bens comuns entre os requerentes do divórcio. Simplesmente, o registo da adjudicação dos prédios relacionados no acordo foi recusado e a recusa confirmada em parecer da Direcção-Geral dos Registos e do Notariado, com fundamento no facto de *a lei não exigir, nem poder exigir um «acordo sobre a partilha» no decurso do divórcio, porque tal exigência seria «aberrante» e, assim sendo, o acordo em causa só pode ser considerado um contrato preliminar, um «contrato-promessa de contratar», não consubstanciando um negócio certificativo de partilha, pelo que não pode, mesmo que homologado por sentença transitada em julgado, constituir causa legítima de aquisição de imóveis*[209].

---

[207] O legislador não acolheu a solução contida da Proposta de Lei n.º 86/ /I (art. 1775.º/2) que previa a junção do acordo de partilha no processo de divórcio – cfr. LEONOR BELEZA, *Direito da Família*, Apontamentos das lições proferidas no ano lectivo de 1980/1981, AAFDL, 1980, pág. 143.

[208] Ac. STJ de 18-02-1988 (PINHEIRO FARIA), BMJ n.º 374, págs. 472 a 475. Curiosamente, por razões de índole essencialmente processual, o aresto acaba por confirmar a decisão da primeira instância, que decretara o divórcio e adjudicara o bem relacionado a um dos requerentes, em cumprimento do acordo de partilha efectuado na própria relação de bens.

[209] Parecer do Conselho Técnico da Direcção-Geral dos Registos e do Notariado, publicado no *Boletim do Registo e Notariado* n.º 8/96, págs. 20 a 23, onde é citada a sentença de 10-07-1989 do Tribunal da Comarca de Carrazeda de Ansiães, que decidiu o caso em apreço.

A citada posição do Supremo Tribunal de Justiça, constitui um recuo relativamente ao decidido pelo mesmo Tribunal, ainda durante a vigência da *Lei do Divórcio* (Decreto de 3 de Novembro de 1910): o Ac. STJ de 10-01-1958 (GONÇALVES PEREIRA) considerou que a partilha dos bens do casal constante de escritura pública, celebrada na pendência de acção de separação de pessoas e bens por mútuo consentimento, «embora não fosse obrigatória dentro do processo, foi ali trazida voluntariamente pelos próprios interessados, obrigando o Juiz a tomar conhecimento dela e a decidi-la» [210].

A possibilidade de apresentação de um «acordo sobre a atribuição dos bens próprios» ou «sobre a partilha dos bens comuns do casal», no processo de divórcio por mútuo consentimento, foi defendida por MIGUEL TEIXEIRA DE SOUSA [211], como resposta ao anseio legítimo dos cônjuges de obterem homologação de tais acordos, em termos idênticos aos previstos no artigo 1778.º

Actualmente, a homologação dos acordos [212] caberá ao conservador do registo civil e, apenas excepcionalmente ao juiz, nos casos de conversão do divórcio litigioso em mútuo consentimento (art. 1778.º do CC; art. 1421.º/2 do CPC e art. 272.º/3 do CRegCiv e art. 14.º/8 do Decreto-Lei n.º 272/2001), sem prejuízo do tratamento diferenciado do acordo sobre a regulação do poder paternal de filho menor, do qual é dada vista ao Ministério Público, que deverá pronunciar-se sobre se o mesmo acautela devidamente os interesses dos menores (art. 14.º/4 a 7 do Decreto-Lei n.º 272/2001).

Subscrevemos a posição de MIGUEL TEIXEIRA DE SOUSA quanto à admissibilidade da junção do acordo sobre a partilha dos bens comuns ao requerimento de divórcio por mútuo consentimento. De facto, se por um lado, nada na lei, substantiva ou adjectiva, proíbe a junção de tal acordo, por outro, nada justifica a sua omissão. Pelo

---

[210] RT, Ano 76º, 1958, págs. 76 e ss. e respectiva anotação.

[211] *O Regime Jurídico do Divórcio*, Livraria Almedina, Coimbra, 1991, pág. 25.

[212] Sobre o papel da homologação no divórcio por mútuo consentimento, embora ainda com referência ao regime anterior ao actual Decreto-Lei n.º 272/ /2001, v. PEREIRA COELHO/GUILHERME DE OLIVEIRA, *Curso...*, págs. 605 e ss.

contrário, é um anseio legítimo dos cônjuges acordarem sobre todas as questões relativas ao seu divórcio no respectivo processo.

É certo que, nos termos do art. 1689.º/1, a partilha só pode ser efectuada depois de cessadas as relações patrimoniais entre os cônjuges através do divórcio (art. 1688.º), mas os efeitos patrimoniais do divórcio vão posteriormente retroagir à data do início do processo, nas relações entre os cônjuges (art. 1789.º). De qualquer modo, é o que acontece com os acordos sobre o destino da casa de morada de família, sobre a prestação de alimentos entre cônjuges e a regulação do poder paternal dos filhos menores, cuja eficácia se presume, tanto para o período de vigência do processo, como para o período posterior (art. 1775.º do CC e art. 1419.º/2 do CPC).

Por outro lado, e não menos importante, a própria lei processual, não ignorou a necessidade da partilha, ao exigir a junção da «relação especificada dos bens comuns, com indicação dos respectivos valores» (arts. 272.º/1, *b)* do CRegCivil e 1419.º/1, *b)* do CPC).

Ora a mencionada relação de bens pressupõe, na verdade, o acordo dos cônjuges quanto a duas das operações inerentes à partilha, a que já nos referimos: a identificação do activo e passivo da comunhão e o respectivo valor. Embora a lei não configure a *relação de bens* como um dos acordos que devem instruir o processo de divórcio (cfr. art. 272.º/2 do CRegCivil e art. 1419.º/2 do CPC), não estando, por isso, sujeita a homologação (cfr. art. 1778.º), a verdade é que a relação de bens e as declarações dos cônjuges nela constantes são determinantes no processo de inventário que possa seguir-se ao divórcio.

Para além do mais, afigura-se injustificada, e até prejudicial, a omissão do acordo sobre a partilha dos bens comuns entre os documentos que devem instruir o divórcio por mútuo consentimento. Decretado o divórcio, obriga-se os cônjuges a continuarem negociações no sentido de um entendimento comum quanto à partilha dos bens, quando a natureza das coisas indicia que tal entendimento não pode ser separado do acordo global sobre o divórcio. No fundo, ao omitir a partilha dos bens, cria-se uma fonte de potenciais conflitos, dando-se azo a que, após um divórcio por acordo, se siga um processo de inventário para partilha dos bens comuns.

As observações ora feitas foram já constatadas por vários autores, em épocas e contextos diferentes, o que apenas demonstra a certeza das mesmas. HEINRICH LEHMANN refere que *o processo de divórcio origina relações pessoais muito tensas, o que dificulta soluções amigáveis após a sentença de divórcio, pelo que o mais sensato é chegar previamente a um acordo sobre todos os problemas que se colocam aos requerentes do divórcio, entre os quais se inclui a distribuição dos bens.* Acrescenta o autor que *desta forma se acelera o procedimento e se evitam, no interesse do próprio Estado, litígios desnecessários* [213].

Em França, dados estatísticos reportados à década de 1970, demonstravam que, não obstante a principal causa de dissolução do casamento ser a morte, os processos para resolução dos conflitos patrimoniais resultantes da dissolução do casamento, tinham origem, principalmente, no divórcio e na *séparation de corps* (62,85% dos litígios) [214].

RITA LOBO XAVIER salienta a conveniência de, no caso de divórcio, «os cônjuges estabelecerem desde logo o destino dos bens, sem adiarem a resolução de tais problemas para depois do trânsito em julgado da sentença, pois, nessa altura, o processo de divórcio pode ter agudizado os conflitos e inviabilizado as soluções consensuais», o que explica, no entender desta autora, a grande utilidade e consequente vulgarização do contrato-promessa de partilha dos bens comuns, celebrado durante o processo de divórcio [215]. Também INOCÊNCIO GALVÃO TELLES refere que a possibilidade de partilhar antes da sentença do divórcio transitada se justifica *no plano da política legislativa* [216]. Embora de forma exacerbada, a questão está reflectida

---

[213] *Derecho de Familia*, vol. IV, trad. de Jose M.ª Navas, Editorial Revista de Derecho Privado, Madrid, 1947, pág. 263.

[214] MARIE-PIERRE CHAMPENOIS-MARMIER/MADELEINE FAUCHEUX, *Le mariage et l'argent*, cit., pág. 198.

[215] *Contrato-promessa de partilha dos bens do casal na pendência da acção de divórcio*, RDES, Jan.-Set. 1994, pág. 151.

[216] *Parecer de 22-10-1997*, publicado em RÓMULO RIBEIRO/CARVALHO BOTELHO, *Partilha notarial entre cônjuges na pendência da acção de divórcio*, SPB Editores, 1998, págs. 155 a 158

nesta afirmação de JEAN CARBONNIER: «*Les douleurs du divorce, pour une part considérable, sont celles de l'après divorce*»[217].

A omissão da nossa lei do divórcio é de tal forma sentida entre os requerentes de divórcio, que há muito se instituiu uma prática generalizada de acordar antecipadamente a partilha dos bens, através dos denominados contrato-promessa de partilha e escritura de partilha sob condição, a que nos referiremos adiante, e cuja legalidade tem sido fonte de outros conflitos.

Não pode deixar de se fazer aqui uma breve nota quanto à diferença entre este regime e aquele que vigora na maioria dos países europeus, onde o divórcio por mútuo consentimento é, em geral, da competência dos tribunais, e todos os acordos nele exigidos estão submetidos ao controlo judicial, incluindo o aqui discutido acordo sobre a partilha dos bens comuns, que tem nesses países carácter obrigatório em sede do divórcio por acordo.

Em França, o acordo sobre a *liquidation du régime matrimonial* é parte integrante da *convention de divorce*[218]. Há muito que a *loi du 11 juillet 1975* introduziu a necessidade de os cônjuges, em caso de pedido conjunto de divórcio, convencionarem, de forma completa, os efeitos desse divórcio, devendo o juiz, na falta de acordo, procurar a conciliação das partes quanto a essas matérias[219]. A *convention de divorce* está sujeita a homologação do juiz, que efectua um controlo formal e substancial, devendo inclusive avaliar a adequação das suas disposições ao interesse dos cônjuges e dos filhos, embora sem que se possa substituir àqueles na alteração das estipulações contratuais.

No que respeita concretamente à dissolução da comunhão de bens, a lei francesa prevê a *convention de liquidation et de partage*

---

[217] Citado por JEAN HAUSER/HUET-WEILLER, *La famille, Dissolution de la famille, Traité de Droit Civil* (sous la direction de Jacques Ghestin), Librairie Général de Droit et de Jurisprudence, 1991, pág. 362. Muito antes da alteração da lei francesa no sentido da sua inclusão no processo de divórcio, GÉRARD CORNU, *Le contrat entre époux, Recherche d'un critère général de validité Revue Trimestrielle de Droit Civil*, t. 51, 1953, pág. 483, já salientava as vantagens das *liquidations anticipées de la communauté*.

[218] GÉRARD CORNU, *Lés régimes matrimoniaux*, cit., pág. 219 e ss.

[219] CAMPENOIS-MARMIER, *Le mariage et l'argent*, cit., pág. 198.

de la communauté, que sendo obrigatória no divórcio por acordo, pode também ser apresentada no divórcio litigioso [220]. Mas por outro lado, não são reconhecidos efeitos aos acordos de partilha antecipada, entabulados fora do processo de divórcio, com os seguintes argumentos: a interdição do *art. 1396* do *Code Civil* apenas é afastada «*pendant l'instance en divorce*» (*art. 1450*); o espírito do *art. 1451*, que condiciona os efeitos destas convenções ao decretamento do divórcio; e o *art. 1397* que apenas autoriza a modificação do regime matrimonial sob o controlo do juiz, em função do interesse da família [221]. Os tribunais franceses apenas têm admitido que a partilha efectuada antes do divórcio seja ratificada pelos interessados já na pendência da acção [222].

Em Espanha, o divórcio ou a separação, quando solicitados por ambos os cônjuges, são obrigatoriamente acompanhados por um *convenio regulador* dos seus efeitos (*arts. 81, 86 e 90*) que inclui – para além dos acordos previstos na lei portuguesa – a *liquidación del régimen económico del matrimonio* (*art. 90-D)*). O convénio há-de conter medidas provisórias, destinadas a vigorar durante a tramitação do processo, e medidas definitivas. Está sujeito a aprovação do juiz (art. 90-2) e, na sua falta, é o próprio juiz que determina medidas relativas à administração, disposição e partilha dos *bienes gananciales* (*art. 103-4ª*) [223].

---

[220] Gérard Cornu, ob. cit., págs. 459 e ss.; Janine Revel, *Les conventions entre époux...*, cit., 3055, n.ºs 19 e ss.; Jean Hauser/Huet-weiller, *La famille..., cit.,* págs. 362 e ss.; Claude Colombet/ Jacques Foyer e Outros, *Dictionnaire Juridique, Divorce*, Dalloz, Paris, 1984, págs. 120 e ss.

[221] Síntese apresentada por Janine Revel, *Les conventions....*, 3055, n.º 20. No mesmo sentido v. AA.V.V. *Droit de la famille*, Dalloz, cit, págs. 270 e ss.; e Philippe Simler/Georges Wiederkehr/Outros, *Régimes matrimoniaux*, JCP, *La Semaine Juridique*, Doctrine, n.º 38, 17 Septembre 1997, 4047, pág. 389.

[222] Marie-pierre Champenois-marmier/ Madeleine Faucheux, *Le mariage et l'argent*, cit., págs. 208 e ss.; Gérard Cornu, *Les régimes matrimoniaux*, cit., págs. 459 e ss. V. também Rita Lobo Xavier, *Limites à autonomia...*, págs. 288 e ss.

[223] V. Román García Varela/Pedro González Poveda e Outros, *La ley del divorcio, Experiencias de su aplicación*, Colex, 1992, págs. 79 e ss.; Lacruz Berdejo e Outros, *Derecho de familia...*, cit., págs. 160 e ss.

Também na Alemanha o processo de divórcio se destina não só a decidir o pedido de divórcio, mas também a estabelecer os seus efeitos. No entanto, a lei processual não exige expressamente a junção de qualquer acordo sobre a liquidação do regime matrimonial, ficando este no âmbito da autonomia das partes que, querendo, podem juntá-lo ao processo. Assim, os cônjuges, casados no regime supletivo de participação nos adquiridos, podem juntar acordo sobre a repartição do saldo dos valores adquiridos na constância do casamento (§ 1378--3 do BGB), acordo esse que também tem sido admitido pelos tribunais quando celebrado antes de instaurada a acção [224]. No caso de casamento no regime de comunhão, é prática frequente os cônjuges celebrarem, antes do trânsito em julgado da sentença de divórcio, um contrato matrimonial convencionando o regime da separação de bens, provocando assim a partilha dos bens [225].

Os regimes descritos não estão isentos de problemas, o próprio controlo judicial dos acordos celebrados entre os cônjuges no âmbito do divórcio tem sido alvo de crítica por parte da doutrina [226], mas o que parece indiscutível é a grande vantagem – para os próprios interessados, para o Estado e para a sociedade em geral – de carrear ao processo de divórcio todas as questões relacionadas com o mesmo, procurando obter-se acordo sobre a totalidade dos seus efeitos.

No que respeita ao regime português, afigura-se verdadeiramente aconselhável uma inversão da orientação legislativa, quer se entenda a omissão do legislador como um «silêncio eloquente» [227], realmente destinado a excluir a partilha do âmbito do divórcio, quer se considere não haver obstáculo à junção ao respectivo processo de um contrato

---

[224] Frédérique Ferrand, *Droit privé allemand...*, cit., págs. 477 e 499 e ss.

[225] V. Dieter Schwab, *Droit de la famille et juridiction en Allemagne*, *Familles & Justice*, cit., págs. 105 e ss; Rita Lobo Xavier, *Limites...*, cit., págs. 294 e 295.

[226] Cfr. as referências sintéticas de Pamplona Corte-Real, *Relatório...*, cit., pág. 93.

[227] Karl Larenz, *Metodologia da Ciência do Direito*, 2.ª ed., trad. de José Lamego, FCG, s.d., pág. 448, que opõe a «lacuna da lei» ao seu «silêncio eloquente».

de partilha entre os cônjuges, celebrado em moldes idênticos aos dos negócios que a seguir se analisam.

A manter-se a situação actual, a junção de tal acordo não traduz, no andamento do processo, a economia processual que poderia resultar da sua previsão expressa [228]. Por outro lado, se a resistência a estes acordos em sede judicial era grande, o actual regime administrativo do divórcio afigura-se ainda menos favorável a práticas *praeter legem*. Por último, a questão devia ainda ser pensada em sede de divórcio litigioso.

2. Contrato-promessa de partilha dos bens comuns

O contrato-promessa de partilha entre cônjuges tem sido alvo de ampla discussão na jurisprudência e na doutrina portuguesas, embora pareça haver, nos últimos anos, uma corrente maioritária no sentido da sua admissibilidade e validade.

Note-se que a questão colocada pelo contrato-promessa de partilha não tem hoje relevância em muitos países que optaram pela inclusão do acordo de partilha no próprio processo de divórcio. Encontram-se, no entanto, alguns ecos do passado, que interessam à análise deste problema.

Em França – antes de a *loi du 13 juillet 1965* ter substituído a imutabilidade por uma mutabilidade controlada pelo juiz e antes de a liquidação antecipada da comunhão ter sido introduzida no processo de divórcio pela *loi du 11 juillet 1975* –, a doutrina e a jurisprudência discutiram a validade dos acordos de *liquidation anticipées de régime matrimonial*, em função do princípio da imutabilidade [229]. Tais acordos, destinavam-se mais frequentemente a liquidar a comunhão

---

[228] No sentido de que a lei deve passar a incluir como requisito do divórcio por mútuo consentimento, a apresentação de um projecto regulador das respectivas consequências v. RITA LOBO XAVIER, *Limites...*, cit., pág. 628.

[229] V. PIERRE JULIEN, *Les contrats entre époux*, Paris, Librairie Général de Droit et de Jurisprudence, 1962, págs. 89 e ss; JANINE REVEL, *Les conventions...*, cit., 3055, n.os 19 e ss.

antes que esta se encontrasse dissolvida, e tanto se verificavam no âmbito de um processo de divórcio, como em situações desligadas de qualquer crise conjugal. Em geral, afirmou-se a nulidade de tais acordos com base no princípio da imutabilidade e considerou-se que a retroactividade dos efeitos patrimoniais do divórcio à data da propositura da acção não podia ser entendida de molde a sanar a invalidade do acordo celebrado na pendência da acção [230].

Também entre nós a discussão tem sido quase exclusivamente centrada no princípio da imutabilidade, quando, na verdade, não estará em causa uma prometida modificação do regime de bens, mas antes a antecipação do acordo sobre a partilha dos bens comuns, a qual, por si, e considerando a natureza e regime próprios da comunhão conjugal, suscita outras questões.

Assim, a simples afirmação de que este contrato não ofende o princípio da imutabilidade não será suficiente para sustentar a sua validade. Além do mais, a análise destes contratos não pode perder de vista o regime especial de contitularidade em que se traduz o património comum dos cônjuges.

2.1. *Delimitação da figura*

Impõe-se, em primeiro lugar, caracterizar a figura *típica* do contrato-promessa de partilha, que nos é trazida por uma prática generalizada e provada pela jurisprudência que suscitou. Trata-se de um negócio jurídico celebrado entre os cônjuges na perspectiva do seu divórcio por mútuo consentimento, cujos efeitos estão condicionados à decretação do mesmo, e que visa acordar os termos da partilha dos bens comuns, que terá lugar após o divórcio.

Afirma-se, assim, tipicamente, como mais um acordo integrado no acordo global do divórcio, mas que ao contrário dos restantes, não é junto ao processo, ficando na esfera privada dos interessados.

É estritamente no contexto do divórcio que, por ora, se coloca a questão da sua validade. A admissibilidade deste negócio entre

---

[230] Pierre Julien, ob. cit, pág. 92.

cônjuges, independentemente do divórcio, será abordada a propósito dos limites à sua celebração.

Por último, parte-se de um entendimento do prometido negócio de *partilha*, concordante com o referido anteriormente a este respeito, ou seja, entendendo a partilha como acto complexo que integra o conjunto de operações já mencionadas.

Questão diferente, que a seguir se discutirá, é a de saber se os cônjuges podem acordar, ao longo da vigência da comunhão conjugal, a distribuição dos bens comuns pelas respectivas meações. A imputação de bens concretos na meação de cada cônjuge [231], reconduz-se à última das operações de partilha anteriormente identificadas – a adjudicação de bens concretos aos cônjuges – enquanto que, em rigor, o acordo de partilha é mais vasto, implicando sempre, pelo menos, um acordo sobre a constituição do activo e passivo comum, e sobre os respectivos valores.

2.2. *Síntese das posições da jurisprudência e da doutrina*

Com a finalidade de recuperar a linha de argumentação já carreada a esta sede, impõe-se uma referência às principais razões que fundamentaram, de um lado, a nulidade do contrato-promessa de partilha dos bens comuns, e, do outro, a sua validade.

A jurisprudência pronunciou-se pela nulidade do contrato-promessa de partilha dos bens comuns, celebrado na pendência de acção de divórcio, com fundamentos sempre decorrentes da violação do princípio da imutabilidade:

– Ac. STJ de 02-02-1993 (Joaquim de Carvalho), CJ-STJ, Ano I, t. I, pág. 113: *Não é permitido negociar a partilha na pendência das relações patrimoniais entre os cônjuges, a não ser nos casos excepcionalmente previstos na lei, pelo que traduz um negócio legalmente impossível, nos termos dos arts. 1714.º/1 e 280.º, aplicáveis ao respectivo contrato-promessa, por força do art. 410.º*

---

[231] V. infra n.º VI – 1.

- Ac. STJ de 26-05-1993 (José Magalhães), *Sub Judice*, 5, pág. 105: *«Não sendo válida a partilha dos bens constitutivos de um património de um casal enquanto os seus membros se acharem unidos pelo casamento, por violadora do princípio da imutabilidade das convenções antenupciais e do regime de bens resultante da lei a que se refere o art. 1714.º, por violadora do mesmo princípio se tem de haver a celebração de um contrato-promessa feito com o mesmo objectivo enquanto os cônjuges se não encontrarem divorciados, visto aos requisitos e efeitos do contrato-promessa serem de aplicar, sob o aspecto em exame, as mesmas disposições legais.»*.
- Ac. RL de 09-12-1993 (Silva Paixão), CJ 1993, t. V, pág. 141: *A ratio do n.º 2 do art. 1714.º é de estender igualmente à promessa de partilha, porque também aqui existe o mesmo perigo de locupletamento de um dos cônjuges à custa do outro, em virtude da especial situação de dependência psicológica gerada entre os contraentes pela vivência matrimonial, que se mantém até ao trânsito em julgado da sentença de divórcio.*
- Ac. RC de 11-01-1994 (Virgílio de Oliveira), BMJ 433, pág. 627; e Ac. RL 05-03-1998 (Silva Pereira), CJ, 1998, t. II, pág. 83: *É nulo por afectar o princípio da imutabilidade dos regimes de bens no casamento.*
- Ac. RL de 21-03-1996 (Damião Pereira), CJ 1996, t. II, pág. 89: *O cumprimento voluntário, ou a execução específica, do contrato-promessa de partilha, teria por base um acordo assumido na vigência do matrimónio, momento em que a vontade não poderia produzir os efeitos correspondentes, por traduzir ofensa ao princípio da imutabilidade.*
- Ac. RC de 13-10-1998 (Maria da Glória), BMJ 480, pág. 553: *É nulo por se conter na proibição legal do n.º 2 do art. 1714.º*

Questão diferente foi a discutida no Ac. STJ de 27-04-1989 (Eliseu Figueira) BMJ 386, pág. 463, que confirmou o Ac. da RL de 24-02-1987 (Valente da Silva), CJ, 1987, t. I, pág. 143, pois nesse caso estava em causa um *contrato-promessa de troca e partilha*, tendo o tribunal decidido pela nulidade da promessa de permuta, celebrada na pendência de acção de divórcio *por violação do princípio da imutabilidade, vertido na regra imperativa do art. 1714.º/2, por se entender que a «proibição de compra e venda entre casados deve, pelas mesmas razões, estender-se aos correspondentes contratos-promessa e, por força do art. 939.º, aos contratos de troca e promessa de troca»*[232]. Tendo o Supremo entendido que tal contrato-promessa era na sua globalidade incindível, considerou igualmente nula a promessa de partilha, sem que, no entanto, a sua validade tivesse sido analisada directamente.

De qualquer forma, a jurisprudência não era unânime na condenação do contrato-promessa de partilha, podendo ler-se os seguintes arestos em sua defesa, essencialmente apoiados na natureza e objecto do negócio enquanto contrato-promessa, que como tal não ofenderia o princípio da imutabilidade:

- Ac. RE de 21.01.1988 (Faria Sousa), CJ 1988, t. I, pág. 260: *As obrigações assumidas pelos promitentes têm por objecto um «facere oportere», traduzindo-se o direito atribuído à contra-parte numa mera pretensão, pelo que não há necessidade de acautelar o eventual prejuízo de um dos cônjuges. Assim, «nada obsta a que (o contrato-promessa) vise a formulação futura de bens certos e determinados da massa patrimonial, a um ou a outro dos cônjuges, em ablativos de divórcio, na partilha dos bens comuns».*
- Ac. RC de 19.10.1993 (Cardoso de Albuquerque), CJ 1993, t. IV, pág. 66: *o objecto de tal contrato-promessa, que se traduz na emissão de uma declaração negocial, a produzir após a extinção do vínculo conjugal, não ofende o disposto no art. 280.º ou em qualquer outra disposição legal de carácter imperativo, incluindo o princípio da imutabilidade*

[232] Em sentido contrário veja-se Rita Lobo Xavier, *Contrato-promessa de partilha...*, cit., pág. 155, n. 4, que entende que o facto de a partilha não ser um negócio translativo, não obsta a que seja ofensivo do princípio da imutabilidade, para quem entenda, como a autora, que este princípio constitui uma proibição a qualquer alteração na situação concreta dos bens do casal.

do regime de bens, consagrado no art. 1714.º. Assim, é admissível, em princípio, o contrato-promessa de partilha dos bens comuns do casal, no pressuposto da dissolução futura do casamento.

- Ac. RP de 14.02.1994 (RIBEIRO DE ALMEIDA), CJ. 1994, t. 1, pág. 237: «*É válido o contrato-promessa de partilha dos bens comuns do casal celebrado na pendência de acção de divórcio, mas para produzir efeitos apenas a partir do trânsito em julgado da respectiva sentença*», *uma vez que* «*o contrato de partilha – o contrato prometido – está prometido para um tempo em que é perfeitamente legal, o tempo post-casamento*».
- Ac. RC 28.11.95 (NUNO CAMEIRA), RLJ n.º 3870, Ano 129.º, Jan 1997, pág. 274: «*É válida a promessa de partilha de bens comuns, uma vez que, em tal hipótese, se não verifica a ratio legis do artigo 1714.º do Código Civil, de proteger interesses de terceiros e de cada um dos cônjuges contra o ascendente conseguido pelo outro.*»

Desde 1999, também o Supremo Tribunal de Justiça se tem pronunciado, invariavelmente, em defesa da validade deste negócio jurídico, com idêntico fundamento de que não vai contra o princípio da imutabilidade:

- Ac. STJ de 23-03-99 (MARTINS DA COSTA), BMJ 485 (1999), pág. 423: *Os efeitos do contrato-promessa de partilha dos bens comuns «em nada interferem, directa ou indirectamente, com os mencionados no citado art. 1714.º, uma vez que não é alterado o regime de bens nem afectado o estatuto patrimonial dos cônjuges.(...) Se a lei lhes permite a solução consensual do problema do próprio divórcio, sem preocupações sobre o possível ascendente psicológico de algum dos cônjuges, por manifesta maioria de razão lhes deve permitir a celebração de um acordo vinculativo para a solução dos aspectos patrimoniais.»*
- Ac. STJ de 25-05-1999 (AFONSO DE MELO), Revista n.º 14/ /1999, 1.ª Secção, *Primeiro de Janeiro*, Supl. de 30.09.1999, pág. 13: «*O contrato-promessa de partilha dos bens comuns*

do casal, celebrado pelos cônjuges tendo em vista o seu divórcio ou separação judicial, deixa intocado o estatuto que define o regime de bens do casamento, pois envolve apenas a promessa de imputar os bens comuns concretos na meação de cada um dos cônjuges».

- Ac. STJ de 09-12-1999 (Torres Paulo), CJ – Ac.STJ, 1999, t. III, pág. 132: «*O art. 1714.º não tem aplicação ao contrato-promessa de partilha de bens comuns do casal, uma vez que com este contrato o regime de bens permanece, como não muda a classificação do bem concreto».*
- Ac. STJ de 06-07-2000, Revista n.º 460/00 – 7.ª Secção, Vida Judiciária, 53: «*Embora seja nula a partilha efectuada na constância do casamento daí não se segue que também o deva ser o contrato-promessa de partilha celebrado no decurso da acção de divórcio.*»

Os autores que abordaram esta questão, designadamente em comentário às decisões dos tribunais, apresentaram importantes argumentos no sentido de que este contrato-promessa não colide com o princípio da imutabilidade [233].

Guilherme de Oliveira, em anotação ao citado Ac. RC 28-11-1995 [234], conclui que «no contrato-promessa de partilha os cônjuges apenas intervêm num acordo sobre o preenchimento das meações com bens concretos, que não suscita perigos dignos de relevância jurídica. O art. 1714.º só deve ser chamado quando houver modificação do regime de bens (n.º 1) ou modificação da titularidade sobre um bem concreto (n.º 2). O que não é o caso.»

[233] Também entre a doutrina não há unanimidade na defesa da validade do contrato-promessa de partilha. Nuno Salter Cid, *A protecção da casa de morada da família no direito português*, Almedina, Coimbra, 1996, pág. 303, considera discutível a sua validade.

[234] *Sobre o contrato-promessa de partilha de bens comuns, Temas de Direito da Família*, cit., págs. 215 e ss., inicialmente publicado na RLJ, Ano 129º, Janeiro 1997, págs. 274 e ss.

RITA LOBO XAVIER, em anotação ao referido Ac. STJ de 26-05-1993 [235], salienta que, embora o contrato-promessa seja susceptível de alterar a situação concreta dos bens do casal, essa alteração só terá lugar depois de a sentença de divórcio ter transitado em julgado. E que, por outro lado, o receio de ascendente de um dos cônjuges sobre o outro, que o n.º 2 do art. 1714.º visa afastar, não se verifica neste contrato-promessa, celebrado depois da instauração da acção de divórcio, uma vez que a partir daí a lei já não pode presumir a existência de uma relação conjugal normal (uma comunidade de vida patrimonial, pessoal e afectiva entre os cônjuges).

INOCÊNCIO GALVÃO TELLES [236], pronunciando-se embora sobre uma partilha sob condição suspensiva, deu parecer genérico no sentido da validade da partilha do património comum do casal feita na pendência do processo de divórcio, litigioso ou consensual, tendo em vista o preceituado no n.º 1 do art. 1789.º. Nos termos deste preceito os efeitos patrimoniais do divórcio – «que consistem em os bens deixarem de estar sujeitos ao regime que para eles resultava do estado matrimonial» – operam «de facto» no momento do trânsito em julgado da sentença, mas «*de jure*» no momento da instauração da acção. Conclui este autor que a força retroactiva atribuída àquele trânsito funciona como condição legal (*conditio iuris*) suspensiva.

Mais recentemente, PEREIRA COELHO e GUILHERME DE OLIVEIRA [237] sustentaram que o negócio em apreço «tem apenas como efeito a promessa de imputar os bens comuns concretos, que o casal tem à data do acordo, na meação de cada cônjuge. (...) Se o regime de bens permanece incólume, e também não muda a qualificação de qualquer bem concreto e se, portanto, não há alteração do valor das massas patrimoniais do casal, então não há perigo nem para qualquer dos cônjuges nem para terceiro e não há razão para aplicar a norma que consagra a protecção dos cônjuges e dos terceiros contra os perigos da mudança do regime ou da alteração do estatuto dos bens concretos

---

[235] *Contrato-promessa de partilha ..., cit.,* págs. 158 e ss., posição reafirmada em *Limites...*, cit., págs. 272 e ss.

[236] *Parecer de 22-12-1997*, cit., págs. 155 e 156..

[237] *Curso...*, cit., págs. 444 e ss.

– o art. 1714.º/1 e 2». Concluem estes autores que o modo como a repartição dos bens é projectada não parece merecer um controlo específico da ordem jurídica, bastando os mecanismos gerais de defesa de um contraente contra o outro, resultantes do quadro de vícios da vontade e da declaração [238].

2.3. *Validade do contrato-promessa de partilha sujeito à condição do divórcio*

Afigura-se manifesto, por todas as razões doutamente apontadas pela jurisprudência e pela doutrina, que o negócio jurídico em causa não viola o princípio da imutabilidade, uma vez que deixa inalterado, quer o regime de bens quer o estatuto concreto de bens.

Parece igualmente correcto afirmar, como já fizeram alguns dos autores citados [239], que o n.º 2 do art. 1714.º é inaplicável ao contrato-promessa de partilha, e consequentemente, não caberá discutir se estão, ou não, verificadas as razões subjacentes às proibições que dele resultam, nomeadamente o receio de ascendente psicológico de um cônjuge sobre o outro.

Mas já não se perfilha a ideia de que a proibição da partilha dos bens comuns na vigência do casamento resulte directamente do n.º 1 do art. 1714.º De facto, o que este preceito proíbe é que os cônjuges acordem a extinção do regime de bens vigente para o substituírem por outro. O que significa que a proibição da modificação do regime de bens tem sempre como pressuposto a manutenção do vínculo conjugal.

É, portanto, distinta a situação do contrato-promessa em apreço, que tem em vista a dissolução do casamento e a antecipação dos efeitos resultantes da extinção das relações patrimoniais dos cônjuges, no caso, da comunhão conjugal, cujo principal efeito é a partilha dos bens comuns. Ou, dito por outras palavras, a partilha entre cônjuges

---

238 Ob. cit., pág. 446.

239 É o caso de PEREIRA COELHO e GUILHERME DE OLIVEIRA, *Curso...*, cit., pág. 445.

não é um aspecto do seu regime de bens, antes é um efeito da cessação desse regime. Nestes termos, o afastamento do princípio da imutabilidade não é suficiente para afirmar a validade deste negócio jurídico.

O âmago da questão revela-se melhor quando se constata que a impossibilidade de partilhar, antes de dissolvida a comunhão, permanece, mesmo nos regimes que admitem a modificação do regime de bens. Ou seja, a modificação do regime de bens é mais uma situação que origina a partilha na vigência do casamento, mas esta ocorre sempre depois de dissolvida a comunhão, através do processo de modificação do regime de bens [240].

Admite-se, porém, que o acordo sobre a partilha estará facilitado na mesma proporção em que esteja facilitada a alteração do regime de bens, pelo menos, quando essa alteração implique a dissolução de uma comunhão pré-existente.

Confronte-se, por outro lado, esta situação com a possibilidade de os cônjuges dividirem os bens de que sejam comproprietários, durante o casamento e independentemente do seu regime de bens. Daí também se extrai que a impossibilidade de sair da indivisão assenta no próprio regime da comunhão.

O problema é, pois, o de saber se o contrato será proibido pelas normas que imperativamente determinam que a partilha dos bens só se fará uma vez extinta a comunhão conjugal, sendo certo que essa proibição não radica no art. 1714.º/1, mas antes nos arts. 1688.º e 1689.º [241].

---

[240] Em sentido um pouco diferente v. RITA LOBO XAVIER, *Limites à autonomia...*, cit., págs. 296, n. 352 e 299.

[241] Em sentido próximo v. o Ac. RC de 28-11-1995 (*in* GUILHERME DE OLIVEIRA, *Sobre o contrato-promessa...*, cit., págs. 220 e 221). V. também GUILHERME DE OLIVEIRA, em anotação ao citado acórdão, que considera que a proibição da partilha do património comum está consagrada no art. 1714.º/1, na medida em que ela significaria uma alteração do regime de bens; e nos arts. 1688.º e 1689.º, que determinam o momento em que cessam as relações patrimoniais dos cônjuges (ob. cit., pág. 230).

Como se referiu em relação a outros ordenamentos jurídicos, a possibilidade modificar o regime de bens durante o casamento não tem como consequência o levantamento da proibição de partilhar os bens comuns. Estes permanecem património indiviso, só partilhável após a dissolução da comunhão. Simplesmente, entre as causas desta dissolução passa a constar o acordo dos cônjuges para modificar o regime de bens, e nesse caso, a partilha tem como causa a dissolução da comunhão resultante da decisão de modificar o regime de bens. Ou seja, essa admissibilidade da modificação do regime de bens, não significará, só por si, uma permissão para partilha do património comum na vigência da comunhão conjugal, que é proibida pelo regime da própria comunhão, mas antes a permissão de fazer cessar a comunhão durante o casamento, com a finalidade de a substituir por outro regime de bens, o que tem como efeito principal a partilha dos bens comuns [242].

Não pode esquecer-se que os cônjuges escolheram – por ausência de declaração expressa em sentido contrário ou, muito raramente, por vontade declarada – um regime de contitularidade cujas características essenciais são a obrigação de se manterem na indivisão e a inexistência, na esfera jurídica de cada um deles, de um direito individual sobre o *quantum* que lhes caberá na partilha dos bens comuns. Ora este regime de contitularidade, já o dissemos, só cessa com a cessação da própria comunhão conjugal. Podem, assim, os

---

[242] Sem prejuízo, a mutabilidade do regime de bens pode conduzir a um enfraquecimento da indivisibilidade da comunhão: será o caso do regime previsto no art. 191, comma 2 do Código italiano, nos termos do qual é permitido aos cônjuges acordar a dissolução parcial da comunhão conjugal, relativamente a uma empresa gerida conjuntamente, nomeadamente por razões fiscais, desde que o façam sob a forma de *convenzione matrimoniale* – v. MARIA CLAUDIA ANDRINI, *Forma e pubblicità delle convenzione matrimoniale e degli accordi di separzione tra coniugi*, *Familia*, *Rivista di diritto della famiglia e delle successioni in Europa*, 1, *gennaio-marzo* 2001, pág. 39. Para essa descaracterização da comunhão como propriedade colectiva pode também contribuir a permissão de venda entre cônjuges, quando se admita que tenha por objecto bens comuns – cfr. MICHEL DAGOT, *La vente entre époux*, JCP, La *Semaine Juridique*, *Ed. Géner*al, n. 5, *Doctrine*, 1987, 3272.

cônjuges vincular-se à obrigação de celebrar contrato de partilha do património comum, com determinado conteúdo, ainda em plena vigência do regime de indivisão desse património?

Não basta a afirmação de que o contrato-promessa de partilha é válido por ser um contrato-promessa e assim ter por objecto a obrigação de celebrar o contrato definitivo [243], sendo que este, quando vem a ser celebrado, é já em momento em que tal é admissível. Sem a condição do divórcio, esse contrato-promessa estaria a prometer um contrato objectivamente impossível [244], porque proibido pelo regime da comunhão conjugal. Não estaria apenas em causa uma impossibilidade subjectiva, como a que se verifica na promessa de venda de coisa alheia [245], na qual o problema é de falta de legitimidade do alienante.

Em suma, é na condição da dissolução do casamento que se sustenta a validade do contrato-promessa de partilha. Irá ver-se, a propósito da escritura de partilha sob condição, qual a verdadeira

---

[243] Na definição de MENEZES CORDEIRO, *Direito das Obrigações*, 1.º vol., AAFDL, 1990, pág. 453, contrato-promessa «é o contrato pelo qual as partes – ou uma delas – se obrigam a *celebrar novo contrato* – o *contrato definitivo*».

[244] Segundo GALVÃO TELLES, a promessa de um contrato inválido significa a obrigação de uma prestação impossível – a celebração desse contrato – pelo que será nula (arts. 401.º/1 e 3 e 280.º) – *Direito das Obrigações*, 7.ª ed., Coimbra Editora, 1997, págs. 124 e 125. Ou como afirma VAZ SERRA: «será nulo por impossibilidade do objecto, o contrato-promessa de contrato que a lei proíbe» (*contrato-promessa*, BMJ n.º 76, 1958, pág. 68). MENEZES CORDEIRO elucida que a impossibilidade objectiva (absoluta) atinge o objecto do negócio, independentemente das partes envolvidas, enquanto que a impossibilidade subjectiva (relativa) opera somente perante os sujeitos concretamente considerados, o que significa que apenas a primeira é verdadeira impossibilidade. Ainda segundo este autor, apenas a impossibilidade definitiva releva enquanto requisito negativo do negócio, «sendo a impossibilidade temporária, o negócio poderá ser viável, dentro das regras das coisas futuras» (*Tratado de Direito Civil Português*, I, Parte Geral, t. I, cit., págs. 485 e 486).

[245] Sobre a validade da promessa de venda de coisa alheia v. VAZ SERRA, *Anotação* ao Ac. STJ de 29-10-1965, RLJ, Ano 99º, págs. 85 e ss.; e *Anotação* ao Ac. STJ de 02-07-1977, RLJ, Ano 111º, págs. 88 e ss.

natureza da condição aqui em causa [246], que na verdade traduz um requisito legal de eficácia e, nesse sentido, será uma condição imprópria, porque verdadeira condição legal [247].

Podia colocar-se a hipótese de haver proximidade entre o contrato-promessa de partilha de bens comuns e a figura da promessa de partilha da comunhão hereditária, antes da morte do autor da sucessão [248].

O paralelo estaria no facto de se prometer celebrar a partilha antes de ocorrido o facto que legalmente a antecede. CAPELO DE SOUSA, referindo-se ao contrato-promessa de partilha de bens hereditários, considera-o admissível desde que posterior ao momento da abertura da sucessão [249]. No mesmo sentido, afirma-se no Ac. STJ 16-04-1996 [250] que a promessa de partilha que respeitasse a bens a herdar de pessoa viva, «seria nula por impossibilidade do objecto, ante o estatuído no art. 2028.º». Assim, apenas ao abrigo de norma legal expressa, é possível a partilha em vida, efectuada entre o futuro autor da sucessão e todos os seus presuntivos herdeiros legitimários (art. 2029.º) [251].

Mas as duas situações não parecem, de facto, comparáveis: para além de significar negócio sobre herança de pessoa viva e, logo,

---

[246] Sobre a distinção entre acto prometido e condição, enquanto actos futuros e incertos, v. CARLOS FERREIRA DE ALMEIDA, *Texto e enunciado na Teoria do negócio jurídico*, vol. I, Almedina, 1992, pág. 467.

[247] V. ALBINO MATOS, Partilha, divórcio..., cit., pág. 472.

[248] V. RITA LOBO XAVIER, que considera que não faz sentido recorrer à analogia com a partilha por morte, por não estar apenas em causa «a circunstância de ainda não ter ocorrido o facto que antecede logicamente a partilha dos bens do casal, mas também a eventualidade de se verificarem as razões justificativas do princípio da imutabilidade» (*Contrato-promessa de partilha...*, cit., pág. 158, n. 11).

[249] *Lições de Direito das Sucessões*, vol. II, Coimbra Editora, 1980/82, pág. 234, n. 943.

[250] CJ-STJ, 1996, t. II, págs. 15 a 17.

[251] A partilha em vida é um acto complexo, no qual as doações são o suporte do acto particional, e que consubstancia uma verdadeira partilha *ex ante facto*, entendendo-se facto como a morte do autor da sucessão.

irremediavelmente nulo, o contrato-promessa de partilha de bens hereditários, quando celebrado antes da abertura da sucessão, é-o num momento em que se promete a partilha de uma comunhão ainda inexistente, que só poderá vir a surgir, precisamente após a morte do autor da sucessão.

Além do mais, a situação dos presuntivos herdeiros é diversa da dos cônjuges titulares de um património comum. Aqueles, se legitimários, detêm até à abertura da sucessão uma mera expectativa jurídica de vir a suceder, embora fortemente tutelada por lei; enquanto que estes são titulares, em conjunto, de um direito subjectivo sobre o património comum.

Por todo o exposto, se conclui que o que verdadeiramente viabiliza o contrato-promessa de partilha em análise é o facto de ser celebrado num momento de ruptura da comunhão de vida, como antecipação da regulação dos efeitos que a dissolução do casamento acarreta, e é com esse fim que as partes incluem no contrato-promessa uma cláusula acessória [252] que vai suspender os efeitos do contrato-promessa até à pretendida dissolução da comunhão.

Entre as causas de dissolução da comunhão acima identificadas, aquelas que implicam o acordo dos cônjuges serão o enquadramento propício a este tipo de acordo e, de entre estas, o divórcio será de longe a mais frequente [253].

A necessidade de condicionar o negócio ao decretamento do divórcio não significa que apenas é válido o contrato-promessa de partilha celebrado já na pendência do divórcio. Não se vê razão para o invalidar, quando celebrado antes do início do processo divórcio, pois nesse caso o próprio comportamento dos cônjuges é que dá origem ao processo que poderá fazer verificar a condição a que subordinaram o contrato, e é, por isso, denunciador da manutenção da vontade declarada no contrato.

---

[252] V. Oliveira Ascensão, *Direito Civil, Teoria Geral, vol. II*, cit., págs. 288 e 289 quanto ao significado de condição como cláusula acessória do contrato e como referindo-se ao próprio acontecimento futuro e incerto.

[253] A separação de pessoas e bens tem escassa expressão estatística.

Esta hipótese terá, contudo, como limite a manutenção do *status quo* na data em que se der início ao processo. De facto, se o activo ou passivo da comunhão sofrerem alterações significativas entre o momento da celebração do contrato e o início do processo, não poderá considerar-se o acordo vinculativo para os cônjuges, uma vez que a sua vontade foi formada sobre determinados valores de activo e passivo, que entretanto se modificaram, e considerando que a partilha deve, em princípio, abranger todo o património comum (art. 2122.º). O equilíbrio encontrado no contrato é claramente posto em causa na hipótese de o acervo de bens comuns diminuir; e o mesmo acontece no caso de aumento do número de bens comuns. A possibilidade de realizar partilhas adicionais relativamente aos bens que tenham surgido na comunhão, após a celebração do contrato-promessa, não é suficiente para validar a vontade anteriormente formada. Em sede de partilha hereditária, a prática demonstra que a existência de um maior ou menor número de bens é determinante na escolha da composição dos quinhões.

2.4. *Limites*

A validade do contrato-promessa de partilha, sustentada como se viu, na condição legal da dissolução da comunhão, não significa a possibilidade de os cônjuges prometerem, a todo o tempo, partilhar os bens comuns.

Relembre-se que a partilha propriamente dita é nula antes de dissolvida a comunhão, nos termos das disposições conjugadas dos arts. 1688.º, 1689.º e 280.º/1. Reputam-se, assim, correctas as seguintes decisões:

- Ac. RP de 18-01-1963 (Varela Pinto), RT, Ano 81º, 1963, pág. 91: Considerou, à luz do Código de Seabra então vigente, «totalmente destituída de relevância jurídica a partilha amigável de bens do casal, cujo regime era o de comunhão, feita quando os cônjuges estavam separados apenas de facto»[254].
- Ac. RP 22.02.1993 (Reis Figueira), CJ 1993, t. I, pág. 238: julgou nula, por comportar objecto legalmente impossível (art.

280.º), a partilha de saldo de conta bancária efectuada, amigavelmente entre os cônjuges, casados no regime da comunhão geral de bens.

Uma partilha destinada a produzir efeitos imediatos também não será válida ainda que celebrada na pendência de uma acção de divórcio ou de separação de pessoas e bens. É que a retroacção dos efeitos patrimoniais do divórcio, prevista no art. 1789.º/1 e 2 (aplicável à separação de pessoas e bens *ex vi* art. 1795.º-A)[255], não é susceptível de sanar retroactivamente o acto de partilha. Como se refere no já citado Ac. STJ de 02-02-1993, «esta retroacção tem de ser interpretada em termos hábeis, não podendo significar que no decurso do processo os cônjuges se podem comportar e agir como se patrimonialmente já nada houvesse entre eles (...) Tal retroacção tem de compatibilizar-se com o disposto também nos arts. 1688.º e 1689.º, n.º 1»[256].

É também o entendimento expresso por Rita Lobo Xavier: «A retroactividade só significa que a composição activa e passiva da comunhão se deve considerar estabelecida no dia da propositura da acção e não no dia da sentença, que a partilha deve ser feita como se a comunhão tivesse sido dissolvida no dia da propositura da acção ou, eventualmente na data em que cessou a coabitação»[257].

---

[254] Em anotação a este acórdão, e em concordância com anterior anotação ao Ac STJ de 10-01-1958 (já citado), refere-se que antes de dissolvida ou interrompida a sociedade conjugal, os cônjuges podem convencionar a partilha dos bens do casal, desde que a condicionem ou prometam para a hipótese da dissolução ou interrupção virem a ser decretadas, o que não se verificava no caso decidido.

[255] Note-se que esta questão não se coloca no caso de separação judicial de bens ou, em geral, nos restantes casos de dissolução da comunhão, que apenas produz efeitos para futuro, a partir do trânsito em julgado da decisão que decretou a separação (cfr. art. 1770.º).

[256] CJ 1993, t. I, pág. 115. Embora se subscreva esta afirmação, discorda-se do entendimento aqui expresso pelo Supremo, quanto à invalidade do contrato-promessa de partilha celebrado pelos cônjuges na perspectiva da convolação do divórcio litigioso em mútuo consentimento.

[257] *Contrato-promessa de partilha...*, cit., pág. 162, n.º 19. No mesmo sentido se decidiu a questão em França, como refere Pierre Julien, *Les contrats entre époux*, cit, pág. 92.

Mas isso não significa que não deva distinguir-se entre a situação existente no decurso da comunhão de vida conjugal e a situação que existe após a entrada de um processo de divórcio, ou na preparação do mesmo [258].

A diferença reside, por um lado, no enfraquecimento da relação familiar, porque na pendência do processo há já uma ruptura *de facto*, embora ainda não *de direito*; e por outro lado, no que respeita ao património comum dos cônjuges, ele está destinado a ser reconstituído no momento em que o processo de divórcio se inicia, pelo que embora os ainda cônjuges não se possam comportar como se a comunhão já estivesse dissolvida, podem perspectivar os seus actos em função da retroacção dos efeitos patrimoniais do divórcio.

Este entendimento não contraria a possibilidade, já afirmada, de os cônjuges celebrarem o contrato-promessa de partilha como preliminar do processo de divórcio, pois o momento relevante para as necessárias operações da partilha, será precisamente o do início do processo.

Assim, apesar de se sustentar a possibilidade de se antecipar o acordo sobre a partilha relativamente ao momento da dissolução da comunhão, não se subscreve o entendimento de que o contrato-promessa de partilha possa ser celebrado em qualquer momento da vigência do casamento, independentemente do divórcio [259], o que significaria que a promessa de partilha poderia, no limite, ser efectuada na convenção antenupcial.

Uma vez que a validade do contrato-promessa de partilha assenta na sua sujeição à condição suspensiva do divórcio (ou noutra causa de dissolução da comunhão), não se considera admissível que essa condição seja formulada em abstracto, i.e., sem que as partes configurem esse facto – futuro e incerto – como próximo e provável.

---

[258] Com posição concordante, a propósito da partilha sob condição suspensiva, v. GALVÃO TELLES, *Parecer...*, cit., pág. 56.

[259] V. neste sentido PEREIRA COELHO/GUILHERME DE OLIVEIRA, *Curso...*, cit., pág. 444 e RITA LOBO XAVIER, *Limites...*, cit., pág. 628, embora considerando a questão *de iure constituendo*.

A tal se opõe a natureza e o regime da comunhão conjugal, que de outra forma sairia defraudado [260].

Além do mais, não pode deixar de se questionar se a admissibilidade de uma promessa de partilha entre cônjuges, condicionada a um futuro e eventual divórcio entre os mesmos, não significará também uma promessa da própria intenção de dissolver o casamento por divórcio, o que inquinaria o contrato de forma irremediável, atentas as características do direito ao divórcio, enquanto direito potestativo, pessoal e irrenunciável [261]. Na verdade, o acordo de partilha condicionado ao futuro (e eventual) divórcio por mútuo consentimento pode traduzir uma renúncia antecipada ou, pelo menos, uma limitação inadmissível, porque feita em abstracto, ao direito ao divórcio na sua vertente litigiosa.

Será, portanto, inválida a promessa de partilha celebrada entre cônjuges, quando desenquadrada de um acordo para dissolver, a breve trecho, a comunhão conjugal, nomeadamente por via do divórcio (o que suporia, obviamente uma situação de ruptura da vida conjugal, pois não faria sentido estarem a regular os efeitos de um divórcio quando a vida conjugal decorre normalmente).

Repare-se, além do mais, que nessa situação se verificaria a impossibilidade de a promessa de partilha definir o conteúdo do contrato prometido [262], atendendo à eventual variabilidade da massa

---

[260] RITA LOBO XAVIER, *Limites à autonomia...*, cit., pág. 158 e ss., refere a preocupação da doutrina francesa com certas práticas entre os cônjuges, que sem violar directamente o princípio da imutabilidade (entretanto abandonado em 1965), conduziam a uma alteração do funcionamento do regime matrimonial, figurando entre elas a antecipação da partilha dos bens indivisos.

[261] São as características apontadas por PEREIRA COELHO/GUILHERME DE OLIVEIRA, *Curso...*, cit., págs. 592 e ss. A estes caracteres ANTUNES VARELA, *Direito da Família...*, cit, págs. 505 e ss., acrescenta a sua susceptibilidade de caducar (art. 1786.º).

[262] ALMEIDA COSTA salienta a necessidade de o contrato-promessa definir o conteúdo do contrato prometido, de maneira a dispensarem-se ulteriores negociações para a sua celebração (*Contrato-promessa, Uma síntese do regime actual*, 7.ª ed., Almedina, 2001, pág. 22). No mesmo sentido v. GALVÃO TELLES, *Direito das Obrigações...*, cit., pág. 124.

comum e do respectivo passivo, assim, como à necessidade de prever todas as operações inerentes à partilha.

Os cônjuges apenas poderão acordar entre si meros projectos de partilha, sem carácter vinculativo, e como tal, insusceptíveis de produzir os efeitos próprios de um contrato-promessa. Estes projectos não dispensam novas declarações de vontade sobre os termos da partilha, quando se venha a colocar uma concreta situação de dissolução da comunhão.

Em síntese, apenas se admite a validade do contrato-promessa de partilha, quando celebrado na pendência, ou como acto preliminar, de processo de divórcio ou de separação de pessoas e bens, e com efeitos suspensos até à verificação da condição legal de dissolução da comunhão.

Neste enquadramento restrito, o contrato-promessa de partilha está ainda sujeito a outras limitações. Primeiro, não pode ser cumprido antes de dissolvida a comunhão, uma vez que a eficácia suspensiva da condição do divórcio é imposta por lei [263]. Segundo, não pode ir além da estipulação estrita da promessa de partilha dos bens comuns.

Conforme foi decidido no Ac. STJ de 25-05-1999 (AFONSO MELO)[264], já citado, os cônjuges não podem regular o estatuto dos bens adquiridos por cada um deles durante a separação, renunciando a direitos futuros sobre bens que venham a ser adquiridos durante esse período, porque tal significaria uma renúncia genérica à contitularidade automática emergente do regime de bens, nula por força do art. 294.º

Por último, e como foi salientado por GUILHERME DE OLIVEIRA [265], este contrato-promessa de partilha terá de respeitar a regra da metade contida no art. 1730.º/1, sob pena de nulidade. Além do mais, a distribuição desigual poderia significar uma doação de bens comuns, vedada pelo art. 1764.º/1[266].

[263] Com opinião concordante v. RITA LOBO XAVIER, *Contrato-promessa...*, cit., pág. 158.

[264] Revista n.º 14/1999, 1.ª Secção, *Primeiro de Janeiro*, Supl. de 30-09--1999, pág. 13. e em *www.dgsi.pt/jstj...*

[265] *Sobre o contrato-promessa...*, cit., págs. 239 e ss.

[266] As regras imperativas vertidas nos arts. 1730.º e 1764.º/1 são os limites apontados em PEREIRA COELHO/GUILHERME DE OLIVEIRA, *Curso...*, pág. 447.

Em conclusão, os cônjuges podem acordar os termos da partilha antes da dissolução da comunhão, desde que verificados os seguintes pressupostos cumulativos:

1. As declarações de partilha ou de promessa de partilha estejam condicionadas suspensivamente à futura dissolução da comunhão;
2. A condição seja referente a uma causa concreta de dissolução da comunhão, consubstanciada em factos futuros (e incertos) mas próximos;
3. O contrato seja celebrado na pendência de acção de divórcio ou de outro processo tendente à dissolução da comunhão, ou se assuma como acto preliminar desse processo;
4. A partilha prometida respeite os limites imperativos vertidos nos arts. 1730.º/1 e 1764.º/1.

2.5. *Efeitos*

Celebrado contrato-promessa de partilha entre os cônjuges, nos termos expostos, importa perceber quais os seus efeitos *inter partes* e perante terceiros.

Mais uma vez se salienta que o contrato só pode produzir efeitos a partir do momento da verificação da condição que lhe é imposta por lei. O divórcio (ou a separação de pessoas e bens) surge, assim, como um requisito de eficácia do contrato.

Relativamente aos contraentes, o contrato-promessa tem a força vinculativa [267] própria deste tipo de contrato: faz nascer nas respectivas esferas jurídicas a obrigação de celebrarem o contrato definitivo [268].

---

[267] O carácter vinculativo da promessa tem ocupado juristas e filósofos, não cabendo, naturalmente, tratar a questão no âmbito do presente trabalho. V. sobre a matéria Carlos Ferreira de Almeida, *Texto e enunciado...*, cit., págs. 471 e ss; Dennis Patterson, *The value of a promise, Law and Philosophy*, International Journal for Jurisprudence and Legal Philosophy, vol. 11, n.º 4, 1992, Kluwer Academic Publishers, págs. 385 a 402.

[268] A maioria da doutrina entende que o contrato-promessa tem por objecto uma prestação de facto positivo, um *facere oportere*, embora alguns autores

Tal significa também, que, em princípio, não haverá lugar a inventário judicial para partilha dos bens comuns já incluídos no contrato-promessa. Veja-se, a este propósito o Ac. STJ de 04-11-1997 (MACHADO SOARES)[269] e o Ac. RC de 18-12-1984 (A. ANDRADE PIRES DE LIMA)[270], onde se julgou procedente o pedido de suspensão da instância, no inventário judicial intentado por um dos ex-cônjuges, por se considerar que a pendência de acção para o cumprimento específico de contrato-promessa de partilha, que havia sido proposta pelo outro ex-cônjuge, era causa prejudicial do inventário.

Aos terceiros só é oponível a partilha definitiva, devidamente registada (sempre que tenha por objecto bens sujeitos a essa formalidade) e uma vez efectuado o registo da própria dissolução do casamento (cfr. art. 1789.º/3 do CC; arts. 1.º/1, *l)* e 2.º do CRegCivil; e arts.2.º e 5.º do CRegPredial).

Coloca-se a questão de saber se o contrato-promessa de partilha poderá ser oposto a terceiros com direitos sobre a mesma partilha. Dir-se-á que sim, desde que cumprida a condição a que está sujeito o contrato. É o caso, por exemplo, dos herdeiros de cônjuge falecido na pendência da acção de divórcio. Supondo que A e B requereram divórcio por mútuo consentimento e celebram contrato-promessa partilha, tendo A falecido depois de divorciado, mas antes de realizada a partilha definitiva, estarão estes obrigados ao cumprimento do contrato-promessa em causa, no que respeita à meação do falecido? O art. 412.º/1 determina a transmissibilidade aos sucessores dos direitos e obrigações resultantes do contrato-promessa, que não sejam exclusivamente pessoais. Note-se que, na hipótese formulada, a dissolução do casamento acaba por ocorrer de acordo com a factualidade prevista no contrato-promessa, como condição da sua eficácia.

Havendo incumprimento do contrato-promessa de partilha por um dos cônjuges, discute-se quais os mecanismos de defesa ao dispor

considerem que se trata de uma primeira fase do próprio contrato prometido. Sobre a questão pode ler-se ANTUNES VARELA, *Das Obrigações em Geral*, vol. I, 7.ª ed., Almedina, 2000, pág. 309.

[269] Proc. n.º 596/97, 1.ª Secção, em *www.cidadevirtual.pt/stj*.

[270] CJ 1984, t. V, 101 e ss.

do contraente não faltoso. Estão em causa três hipóteses: a possibilidade de pedir indemnização, a validade da previsão de uma cláusula penal e o poder de executar especificamente o contrato.

Uma vez aceite a validade do contrato-promessa de partilha, ainda que nos termos restritos acima enunciados, nada justifica que não lhe sejam aplicáveis as mesmas regras legais que regem, em geral, o incumprimento do contrato-promessa. De igual forma, não será admissível restringir a autonomia contratual dos cônjuges para fixarem penalizações nesse âmbito [271].

No que respeita à possibilidade de executar especificamente o contrato-promessa de partilha, levantam-se duas questões: primeiro, saber se a tal se opõe a natureza da obrigação assumida (art. 830.º/ /1, parte final); segundo, verificar se a tal obsta o momento em que foram proferidas as declarações negociais.

Não cabendo discutir aqui a amplitude da exclusão constante da parte final do art. 830.º/1 [272], cumpre apenas referir que a doutrina, em geral, é favorável à execução específica do contrato-promessa de partilha dos bens do casal, precisamente por a tal não se opor a natureza da obrigação de partilhar [273].

Também a jurisprudência tem decidido em concordância: o Ac. RL de 30-06-1988 (Lopes Pinto) [274], concluiu que a natureza do contrato prometido (a partilha) não justifica que as partes conservem a possibilidade de desistir do negócio prometido; e também o Ac. Ac. RC de 08-10-1991 (Silva Graça) [275], considerou «possível o recurso à execução específica de um contrato-promessa de partilha de bens

---

[271] V. Ac. RP de 12-01-1993 (Cardoso Lopes), BMJ n.º 423, pág. 594, que aceitou a responsabilidade do faltoso pelo incumprimento do contrato-promessa de partilha.

[272] Cfr., entre outros, as posições de Menezes Cordeiro, *Direito das Obrigações*, 1.º vol., cit., págs. 466 e ss; Antunes Varela, *Das Obrigações* ..., vol. I, cit., págs. 364 e ss. V. também Luís Menezes Leitão, *Direito das Obrigações*, vol. I, 2.ª ed., Almedina, 2002, págs. 214 e ss.

[273] V. Rita Lobo Xavier, *Contrato-promessa de partilha...*, cit, pág. 169 e *Limites...*, cit., págs. 277 e ss.

[274] CJ 1988, t. III, pág. 170.

[275] CJ 1991, t. IV, pág. 103

comuns do casal, celebrado antes da propositura da acção de divórcio por mútuo consentimento, quando um dos cônjuges se recusar a cumpri-lo, verificando-se simples mora do faltoso.»[276]

A propósito de contrato-promessa distinto, mas próximo quanto à natureza da obrigação assumida, o Ac. STJ de 16-04-1996 (AMÂNCIO FERREIRA)[277], já citado, admitiu a execução específica de um contrato-promessa de partilha hereditária celebrado depois da morte do autor da sucessão, por se ter considerado que a promessa de partilha não se enquadra em nenhuma das categorias de negócios jurídicos que, pela sua natureza, se opõem à execução específica.

A segunda questão foi colocada por RITA LOBO XAVIER[278], que a afasta por considerar que, não se verificando os pressupostos de aplicação da proibição constante do art. 1714.º/2, nada obsta a que a vontade firmada antes da dissolução do casamento, vincule definitivamente os cônjuges.

Sendo certo que, como também salienta esta autora, a questão da validade do contrato-promessa em apreço, e a sua execução *ex vi* art. 830.º sejam distintas, a verdade é que ao admitir-se a execução específica do contrato-promessa de partilha, está também a admitir-se que as declarações tendencialmente definitivas sobre a partilha sejam emitidas num momento em que os cônjuges não têm na sua esfera jurídica o poder de partilhar os bens comuns. Assim, de novo se salienta que apenas o facto de este negócio jurídico estar perspectivado em função de uma futura, mas próxima e provável dissolução do casamento, justifica esta permissão.

3. Escritura de partilha sob condição

A controvérsia em torno deste negócio jurídico está claramente espelhada na recolha efectuada por RÓMULO RIBEIRO e CARVALHO

---

[276] Sobre a articulação do mecanismo da execução específica com o estado de mora e o incumprimento definitivo pode ler-se JANUÁRIO DA COSTA GOMES, *Em tema de contrato-promessa*, AAFDL, 1990, págs. 68 e ss.

[277] CJ-STJ, 1996, 2.º, pág. 15.

[278] *Contrato-promessa de partilha...*, cit., pág. 169,

BOTELHO [279]. De um lado, constata-se uma prática notarial fortemente defensora da escritura de partilha, subordinada à condição do divórcio, cujas vantagens há muito haviam sido salientadas por ALBINO DE MATOS [280]. Do outro, verifica-se uma oposição por parte dos conservadores do Registo Predial, que, pelo menos em alguns casos, recusaram os actos de registo de aquisição (condicionada) emergentes de tais escrituras [281]. Pela invalidade da escritura de partilha sob condição pronunciou-se, também a Direcção-Geral dos Registos e do Notariado em Parecer de 24-10-1997 [282].

Tendo-se já analisado os fundamentos da validade do contrato-promessa de partilha, importa saber se o mesmo raciocínio é aqui aplicável. Neste contrato de partilha, as partes declaram, uma única vez, os termos em que há-de realizar-se a partilha, e uma vez verificada a condição do divórcio, o acordo produz efeitos imediatos e definitivos. Tem sobre o contrato-promessa a vantagem de vincular desde logo as partes num negócio definitivo, prescindindo de qualquer outro negócio ou de sentença de execução [283].

É precisamente na ausência de qualquer margem para arrependimento, que RITA LOBO XAVIER encontra fundamento para a nulidade deste contrato [284]. Esclarece a autora, citando ANTUNES VARELA, que há uma vincada diferença de estrutura psicológica entre

---

[279] RÓMULO RAÚL RIBEIRO e J. JOAQUIM CARVALHO BOTELHO, *Partilha notarial entre cônjuges na pendência da acção de divórcio, Sujeita à condição do trânsito em julgado da sentença de divórcio*, SPB Editores, 1998, que inclui um parecer de GALVÃO TELLES.

[280] ALBINO MATOS, *Partilha, divórcio e condição*, *Temas de Direito Notarial*, I, Almedina, Coimbra, 1992, págs. 467 e ss., anteriormente publicado na RN, Ano V, n.º 18, Outubro 1984, págs. 53 a 59.

[281] V. RÓMULO RIBEIRO/CARVALHO BOTELHO, *Partilha notarial entre cônjuges...*, *cit.*, págs. 23 e ss. e 47 e ss.

[282] *In* RÓMULO RIBEIRO/CARVALHO BOTELHO, *Partilha notarial entre cônjuges...*, *cit.*, págs. 125 e ss.

[283] Para além da vantagem apontada, ALBINO DE MATOS, *Partilha, divórcio...*, cit., págs. 473 e 474, salienta ainda a economia (de negócio, tempo e dinheiro) e a segurança.

[284] *Contrato-promessa...*, cit., págs. 170 e ss., posição que mantém em *Limites...*, cit., págs. 287 e ss.

a *simples promessa* de contratar, que pode permitir o arrependimento ainda que penalizado por sanções, e a vinculação imediata ao efeito definitivo do próprio contrato prometido. E no caso de execução específica do contrato-promessa, há uma intermediação do órgão judicial, que traduz uma «garantia de idoneidade, e mesmo de sabedoria»[285]. Conclui, assim, tratar-se de um negócio em fraude à lei, porque através dele as partes obtêm um resultado que o art. 1714.º quis impedir: o de acordarem durante o casamento, de forma definitiva e irrevogável, vantagens patrimoniais que podem ter sido obtidas através do aproveitamento do ascendente psicológico adquirido pelo beneficiado.

Pelo contrário, para Guilherme de Oliveira, o contrato-promessa de partilha sob condição suspensiva deve ser encarado do mesmo ponto de vista do contrato-promessa de partilha, uma vez que não se pretende uma integração imediata nas meações, mas antes uma integração diferida, e desde que respeite a regra da metade imposta pelo art. 1730.º[286]

A diferença entre os dois contratos é notória na diversidade de efeitos que deles emergem[287]. Para as partes, o contrato-promessa origina a obrigação/direito à celebração do contrato-prometido, tutelada pelos mecanismos de defesa atrás referidos; enquanto que o contrato de partilha sob condição faz nascer nas respectivas esferas jurídicas, direitos subjectivos (de propriedade, quando haja adjudicação dos bens, ou de crédito, quando lhe sejam devidas tornas), cuja eficácia está *congelada* até à verificação da condição.

Do ponto de vista fiscal, a partilha sob condição, que tenha por objecto bens imóveis, é necessariamente precedida da liquidação do respectivo imposto de sisa (art.º 47.º do CSISD). E após a sua celebração, a adjudicação dos imóveis sob condição suspensiva está sujeita a registo (art. 94.º/*b)*, 2.ª parte do CRegPredial).

---

[285] *Idem*, pág. 172.

[286] *Sobre o contrato-promessa* ..., cit., pág. 244; e também Pereira Coelho/Guilherme de Oliveira, *Curso...*, cit., pág. 446.

[287] V. Vaz Serra, *Contrato-promessa,* cit., págs. 35 e ss.

Ou seja, se por um lado, a partilha sob condição, opera automaticamente uma vez verificada esta, por outro, produz desde o momento da celebração alguns efeitos que terão de ser destruídos retroactivamente em caso de não verificação da condição (*v.g.*, cancelamento da inscrição no registo predial e anulação da liquidação da sisa).

A questão é, portanto, saber se os identificados efeitos emergentes da partilha sob condição a colocam em rota de colisão com o carácter uno e indivisível do património comum. Dir-se-ia que não, pelas mesmas razões já antes apontadas para o contrato-promessa de partilha, i.e., que é admissível quando celebrada num momento já de ruptura da vida em comum e perspectivada para resolver os efeitos que irão emergir dessa ruptura. Aqui de forma mais notória se afigura imprescindível que, em cláusula acessória, os cônjuges subordinem a eficácia do contrato de partilha a uma situação de dissolução, identificada e próxima no tempo [288].

Como atrás se referiu, a condição aqui em apreço será uma condição legal, porque é a própria lei que faz depender a eficácia do negócio de um acontecimento futuro e incerto [289]. A condição legal,

---

[288] Basta pensar no seguinte exemplo: A e B, na constância do casamento e independentemente de qualquer crise conjugal, outorgam partilha dos bens comuns, para produzir efeitos se e quando o seu casamento vier a ser dissolvido por divórcio. Cinco anos depois, A e B divorciam-se por mútuo acordo, a partilha então efectuada produziria efeitos imediatos, independentemente da actual vontade das partes ou das eventuais modificações entretanto ocorridas no património comum? A hipótese pode complicar-se no caso de a condição se bastar pela referência ao divórcio, sem qualquer alusão à sua modalidade. Se após os ditos cinco anos, o divórcio viesse a ser decretado na sequência de acção litigiosa intentada por A contra B, mantinha-se a vinculação ao acordo de partilha? Em ambos os casos entendemos que não, pelas razões apontadas no texto.

[289] Segundo Galvão Telles a *conditio iuris* (em sentido restrito) está ligada ao facto por um nexo objectivo e necessário que é a própria lei, enquanto que a *conditio facti* suspensiva está ligada ao negócio jurídico numa relação subjectiva, ou seja, torna-se precisa apenas porque as partes querem (*Manual dos contratos em geral*, 4.ª ed., Coimbra Editora, 2002, págs. 261 e 262) .V. também Oliveira Ascensão, *Direito Civil, Teoria Geral*, vol. II, cit., pág. 289; Menezes Cordeiro, *Tratado...*, I, t. I, cit., pág. 512.

enquanto condição imprópria não é em rigor uma condição [290]. Neste sentido Galvão Teles [291] entende que, no caso de escritura de partilha celebrada durante a acção de divórcio, os cônjuges nem sequer têm de subordiná-la à condição do trânsito em julgado da sentença, como cláusula acessória, uma vez que este trânsito desempenha esse papel de condição suspensiva por determinação legal.

A esta condição, dada a sua natureza legal, não se aplica o regime previsto nos arts. 272.º e ss, *maxime*, a retroactividade própria da *conditio facti* (art. 276.º), pois os efeitos do negócio de partilha condicionado apenas podem produzir-se a partir do trânsito em julgado da sentença de divórcio.

Mas admitindo a celebração da partilha com condição, como preliminar do processo de divórcio, já se deverá entender que a condição aqui em causa não será totalmente alheia à vontade das partes, pois é por força dessa vontade que é chamado o evento futuro e incerto a condicionar o negócio (que, simultaneamente, se apresenta como um requisito legal de validade do negócio). Nesse sentido estaríamos perante o que já se designou por *conditio mixta* [292], por concentrar elementos de *conditio iuris* e também de *conditio facti* [293].

A introdução da condição neste negócio tem um significado que não resulta por si só da lei [294] e nesse sentido, em princípio, deve ser expressamente mencionada no contrato [295]. Mais, o evento da

---

[290] Pedro Pais de Vasconcelos, *Teoria Geral do Direito Civil*, vol. I, Lex, Lisboa, 1999, pág. 358.

[291] *Parecer...* cit., pág. 56.

[292] Galvão Telles, *Dos contratos em geral*, 2.ª ed., 1962, pág. 213.

[293] É o entendimento de Rómulo Ribeiro e Carvalho Botelho, *Partilha notarial...*, cit., págs. 39 e 94.

[294] Esta destrinça é referida em Enneccerus/Kipp/Wolff, *Tratado de Derecho Civil*, t. 1, *Parte General*, II por Enneccerus/Nipperdey, tradução da 39.ª ed. alemã de Blas Pérez González e José Alguer, BOSCH, 3.ª ed., Barcelona, 1981, pág. 658.

[295] Em sentido diferente v. Galvão Teles, acima citado, e Albino Matos *Partilha, divórcio...*, cit., pág. 473. Admite-se, no entanto, na linha do que é defendido por estes autores, que em certos casos a condição possa resultar do contexto inequívoco e concreto em que é celebrado o contrato de partilha.

futura dissolução da comunhão (condição) deve ser concretamente invocado e concretizado em factos.

Esta consideração conduz a outra questão: e se o casamento se vier a dissolver, inesperadamente, por forma diversa da prevista no contrato? Por exemplo, se o cônjuge falecer na pendência da acção de divórcio, deve o contrato de partilha condicionado à dissolução por divórcio, produzir todos os seus efeitos após a dissolução por morte?[296] Atendendo ao que foi dito não poderá valer[297], por não se ter verificado aquele evento futuro e incerto concretamente previsto pelas partes, mas um outro, ainda que com os mesmos efeitos *ope legis*. Esta solução é a que melhor respeita a vontade das partes, parecendo aqui inteiramente aplicável a conclusão de CASTRO MENDES de que «o declarante sob condição não quer a declaração mais a condição: quer a declaração condicionalmente»[298].

4. Limites à celebração antecipada da partilha

A validade restrita dos dois negócios jurídicos analisados apoia-se no mesmo fundamento: a sua celebração após a ruptura *de facto* da sociedade conjugal e a sujeição ao requisito legal de eficácia da dissolução da comunhão.

Assim, até porque pressupõe uma crise conjugal[299], o elemento sobre que incide a condição deve ser uma situação concreta de

---

[296] Situação diversa, já analisada, é o caso de o falecimento ocorrer depois de decretado o divórcio – v. supra n.º V – 2.4.

[297] Cfr. supra n.º V – 2.4, onde se salienta a dependência entre o negócio de partilha sob condição e a concretização do *projecto* de dissolução da comunhão, enquanto condição daquele.

[298] *Da Condição*, BMJ n.º 236, Fevereiro 1977, pág. 60. Note-se que a defesa que este autor faz do negócio jurídico condicional como um negócio unitário, reporta-se a situações diversas das referidas no texto, nomeadamente, baseia-se numa análise crítica do regime previsto para os negócios gratuitos com condição impossível.

[299] Salientando que o estatuto patrimonial dos cônjuges não é deixado à sua livre vontade durante o casamento, mas que o desentendimento conjugal,

dissolução da comunhão conjugal. Se a condição for formulada em abstracto – insiste-se – traduz o exercício de um poder que está fora da disponibilidade das partes: o de livremente acordarem a partilha dos bens comuns antes de verificada a dissolução do casamento. Repare-se que na hipótese inversa – a da previsão de uma situação concreta e próxima de divórcio – as partes limitam-se a antecipar os efeitos de uma dissolução que, em grande medida, está dependente da sua própria vontade.

Além do mais, não pode tratar-se da mesma forma uma situação de crise conjugal, como é o divórcio por mútuo consentimento, no âmbito do qual a lei chama os interessados a regular um conjunto de efeitos pessoais, e também patrimoniais, que emergem da dissolução do casamento. E mesmo não prevendo a partilha dos bens comuns, ainda, assim, se exige um acordo sobre as verbas incluídas no activo e no passivo da comunhão, bem como sobre o respectivo valor.

Não que se considere relevante a discussão de saber se o processo de divórcio afasta ou não o ascendente de um cônjuge sobre o outro, pois como já várias vezes se referiu, o art. 1714.º não é aplicável à situação em apreço.

A verdade, é que o processo de divórcio pode ser um terreno fértil em pressões e eventual coacção de um cônjuge sobre o outro [300], mas o certo é que essa situação não se altera significativamente com a obrigação de silêncio sobre a partilha até à verificação do divórcio.

Pelo contrário, e conforme se procurou demonstrar, o tratamento conjunto de todos os problemas emergentes da dissolução do casamento, é aconselhável porque evita a reabertura de hostilidades entre os ex-cônjuges. E, como salientou GUILHERME DE OLIVEIRA [301], o quadro dos vícios da vontade, será tutela quanto baste para aferir da liberdade

---

conducente à ruptura da relação jurídica, permite o retomar de uma certa *força criativa* da autonomia da vontade v. JANINE REVEL, *Les conventions entre époux désunis*, cit., 3055.

[300] Por exemplo, porque um dos cônjuges tem *pressa* no divórcio e não tem fundamento para intentar acção litigiosa com base na violação de deveres conjugais.

[301] *Sobre o contrato-promessa ...*, cit., págs. 236 e ss.

e consciência das declarações proferidas em sede de processo de divórcio.

Porém, o problema de os cônjuges se poderem vincular, a todo o tempo, a uma partilha que apenas pode produzir efeitos depois da dissolução do casamento é diverso.

É, por um lado, o defraudar do regime imposto ao património comum, da sua afectação especial à relação jurídica familiar e da sua estrutura una como um só direito de que são titulares ambos os cônjuges [302]. E, por outro, a possibilidade de declarar os termos da partilha num momento distante e num contexto diverso daquele em que se irá encerrar a comunhão conjugal, não permitindo que os cônjuges formem a sua vontade negocial com base no activo e passivo que efectivamente irá constar da comunhão à data distante da dissolução, o que impossibilita uma vontade esclarecida e ponderada. A não ser que se considerassem tais acordos livremente revogáveis, a todo o tempo, mesmo no caso de não haver alterações na composição da massa comum, o que os reconduziria aos projectos de partilha já mencionados. Caso contrário, o cônjuge estaria a passar um verdadeiro «cheque em branco» a uma partilha futura, pois sempre será a dissolução da comunhão, o momento determinante para a reconstituição da massa comum e sua avaliação.

É que um acordo de partilha distanciado do momento da dissolução da comunhão não pode ir além de uma mera previsão, que sempre carecerá de confirmação no aproximar do momento da dissolução, nem que seja porque o activo e passivo da comunhão podem variar diariamente, impossibilitando que se possa prometer, com rigor, os termos e os quantitativos das futuras operações da partilha.

Além do mais, a admissibilidade de um tal contrato (ou de contratos parciais de partilha) na vigência da comunhão, ainda que para produzir efeitos após esta, significaria um desvirtuar da natureza e regras da comunhão conjugal, enquanto propriedade – repete-se – indivisa e indivisível.

---

[302] Cfr. o que se disse supra sobre a natureza jurídica da comunhão (n.º III – 1).

De facto, o acordo ou acordos sucessivos quanto à forma de preenchimento das meações, levaria a que os cônjuges se comportassem como donos dos bens que apenas no futuro e de modo incerto podem vir a preencher as suas meações. E no limite, teríamos de permitir aos nubentes que, tendo em convenção antenupcial fixado o regime da comunhão geral de bens, de imediato acordassem os termos da partilha dos bens por ambos levados para o casamento.

Noutros casos, em que a lei exige a verificação de um facto futuro e incerto para que o negócio jurídico produza efeitos [303], subjaz, em regra, uma preocupação com a *actualidade* das declarações de vontade. Senão veja-se: a convenção antenupcial caduca se o casamento não vier a ser celebrado no prazo de um ano (art. 1716.º) e o mesmo se aplica às doações para casamento (nos termos do art. 1760.º/1, *a)*, que de qualquer forma já resultava do disposto no art. 1756.º/1); e ainda que por razões aqui inaplicáveis, o testamento é livremente revogável até ao fim (arts. 2179.º/1 e 2311.º) [304].

Em suma, a partilha com efeitos subordinados a uma dissolução do casamento não especificada em factos concretos, consubstancia um negócio jurídico nulo (art. 280.º/1). Os negócios jurídicos analisados só devem poder ser equacionados numa fase de ruptura da comunhão de vida, seja como acto preparatório de processo conducente à dissolução da comunhão, *maxime* de divórcio, seja durante o respectivo processo. Assim, sempre que se frustre ou modifique o *projecto* de divórcio que constituía a condição do contrato de partilha, deve considerar-se que este fica sem qualquer efeito, não podendo ser aproveitado num outro *projecto* de divórcio, excepto se os cônjuges renovarem as suas declarações de vontade [305].

---

[303] A realização do casamento no prazo de um ano para a eficácia das convenções antenupciais e das doações para casamento (arts. 1716.º e 1760.º/1, *a)*) é um exemplo de condição legal, apontado por Castro Mendes, *Teoria Geral do Direito Civil*, vol. II, AAFDL, 1995, pág. 323; e Mota Pinto, *Teoria Geral...*, cit., pág. 557.

[304] O exemplo do testamento pretende aqui ser meramente ilustrativo porque as principais razões subjacentes à livre revogabilidade do acto de última vontade não são, obviamente, transponíveis para o negócio em apreço.

[305] Embora diversa, a situação tem algumas semelhanças com uma questão que era discutida à luz do Código de Seabra, o qual estabelecia o casamento

A expressa previsão legal destes contratos traria óbvias vantagens, ao eliminar a incerteza sobre a sua validade [306], mas a utilidade que lhes é reconhecida por todos pode ser conseguida, de forma mais directa, através da inclusão do acordo de partilha entre os documentos a juntar ao requerimento de divórcio por mútuo consentimento [307].

Como já antes se referiu, esta é a melhor sede para os cônjuges acordarem todos os efeitos do divórcio, não se vendo, além do mais, razão para que o acordo de partilha tenha tratamento diverso dos demais acordos que integram o pedido de divórcio por mútuo consentimento.

Neste ponto, não pode deixar de se constatar que a admissibilidade das partilhas condicionais, ainda que nos termos restritos acima expostos, revela o paradoxo de uma solução que, por falta de previsão legal expressa, *empurra* o acordo de partilha entre os cônjuges para fora do processo de divórcio, e para um tratamento diferenciado dos outros acordos.

Com isto não se quer dizer que estes negócios jurídicos não devam ser admitidos, pelo contrário, reconhece-se a grande vantagem de soluções que promovem o mútuo acordo entre os cônjuges, evitando potenciais conflitos futuros. Mas deve ir-se mais longe: o interesse público que está subjacente a esta vantagem seria melhor tutelado através da obrigatoriedade de junção do acordo sobre a partilha dos bens comuns no processo de divórcio por mútuo consentimento.

---

como condição legal de eficácia da convenção antenupcial, mas não marcava o prazo dentro do qual o casamento devia ser celebrado. PIRES DE LIMA/ BRAGA DA CRUZ defendiam que a convenção devia caducar sempre que tivesse sido desfeito o *projecto* de casamento (*Direitos de Família*, cit., págs. 88 e 89).

[306] Assim RITA LOBO XAVIER, *Limites à autonomia privada...*, cit., pág. 298, n. 355. De facto, apesar de as decisões mais recentes pugnarem pela validade destes negócios jurídicos, a qualquer momento poderá verificar-se uma inversão jurisprudencial nesta matéria.

[307] Alteração que também é considerada adequada por esta autora – *Limites à autonomia...*, cit., pág. 299.

VI - ACORDOS SOBRE ASPECTOS PARCIAIS DA PARTILHA

Pretende-se aqui enquadrar situações em que os cônjuges estabeleçam, durante o casamento, um entendimento sobre aspectos do conteúdo da futura partilha dos bens comuns, mas que não traduzem uma antecipação da própria partilha, por não conterem todos os elementos necessários à mesma.

A questão coloca-se no âmbito mais geral dos acordos sobre aspectos da liquidação do regime matrimonial, pois independentemente do regime de bens, os cônjuges procuram antecipar e resolver os problemas que surgem com a extinção do regime matrimonial.

Nos países anglo-saxónicos, tradicionalmente distanciados da imutabilidade do regime de bens e das restrições à contratação entre cônjuges, é frequente acordar desde logo no *prenuptial agreement*, os termos em que se fará a divisão da propriedade, para a eventualidade quer do divórcio quer da morte [308].

Na Alemanha, a autonomia contratual dos cônjuges na liquidação do seu regime matrimonial é muito ampla [309], podendo determinar aspectos da liquidação do regime supletivo de participação nos adquiridos. Assim, através de um contrato matrimonial (*Ehevertrag*), celebrado antes ou depois do casamento, os cônjuges podem determinar limitações ao seu direito de «participação nos adquiridos» ou até

[308] V. LLOYD COHEN, *Marriage: the long-term contract*, *in* AA.VV., *The Law and Economics of marriage...*, cit., págs. 29 e ss.

[309] Em coerência com a ampla liberdade que os cônjuges têm para contratar entre si, que não estando expressamente prevista numa disposição legal, resulta do princípio geral de autonomia privada que não sofre restrições no estado de casado – v. CARLOS-JAVIER RODRÍGUEZ GARCÍA, *Un intento de aproximación al estructuralismo jurídico...*, cit., pág. 331.

mesmo a sua exclusão (o que significa que, em rigor, adoptam o regime de separação de bens), ou convencionar quais os bens que fazem parte do seu património inicial e qual o valor dos mesmos [310].

Entre nós, e no que concretamente respeita a estipulações sobre a futura liquidação da comunhão conjugal, pode identificar-se a possibilidade de os cônjuges disporem de bens comuns por conta da sua meação, nos termos expressamente previstos no art. 1730.º/2. Esta previsão, que não teve directamente em vista uma permissão para antecipar a partilha, mas tão só pretendeu determinar o âmbito de disponibilidade, em vida e por morte, dos cônjuges sobre os bens comuns, acaba por se reflectir na partilha, ao fazer imputar os actos dos cônjuges na respectiva meação.

Cumpre também analisar em que termos poderão os cônjuges estipular atribuições preferenciais dos bens comuns, sendo certo que a lei apenas prevê expressamente o direito do cônjuge a ser encabeçado no momento da partilha nos instrumentos de trabalho de que necessite para o exercício da sua profissão (art. 1731.º).

Por último, há uma situação totalmente omissa na lei: a de saber se os cônjuges podem acordar sobre o valor dos bens a partilhar, i.e., no fundo, acordar quanto ao valor da sua meação, em momento anterior à própria partilha.

1. Imputação de bens concretos na meação

Como já foi referido, considera-se este acordo sobre o preenchimento das meações distinto, porque de âmbito mais restrito, do acordo sobre a partilha dos bens [311].

Na vigência do Código de Seabra, PIRES DE LIMA [312] colocou o problema de saber se, fora do campo das doações, seria possível aos cônjuges, durante o casamento, especificar os bens que ficavam desde

[310] V. FRÉDÉRIQUE FERRAND, *Droit privé allemand*, cit., págs. 484 e 485.

[311] Cfr. supra n.º V – 2.1.

[312] *Resposta à consulta de um assinante...*, RLJ, Ano 88.º, 1955-1956, pág. 377.

logo a integrar cada uma das suas meações. Para este autor só poderia admitir-se a simples imputação na quota dos cônjuges, de bens determinados, desde que se considerasse tal acto livremente revogável, nos termos do art. 1181.º do Código de Seabra, sendo certo que dificilmente lhe seria aplicável o regime das doações, por se tratar de um negócio que não encerra qualquer tipo de liberalidade, mas simplesmente uma imputação de bens ou uma partilha antecipada [313].

À luz do Código actual, PEREIRA COELHO e GUILHERME DE OLIVEIRA[314] consideram que o art. 1730.º/2 acaba por admitir a imputação antecipada de bens na meação de cada cônjuge em dois casos, de seguida analisados: a doação de bem móvel a terceiro (à qual seja aplicável o regime do n.º 4 do art. 1682.º); e o legado de bem comum a favor de terceiro, efectuado de acordo com o previsto nas alíneas *b)* ou *c)* do n.º 3 do art. 1685.º

Partindo da permissão legal nos dois casos referidos, estes autores não vêem obstáculo a que os cônjuges acordem, durante o casamento, a imputação de bens concretos nas respectivas meações, ou prometam essa imputação através de um contrato-promessa de partilha. Segundo estes autores, essa promessa de imputação não altera as regras acerca da propriedade dos bens, dentro do casamento, não modifica as normas aplicáveis à comunhão, nem modifica o estatuto de qualquer bem concreto.

---

[313] Para compreensão da opinião transcrita há que ter em atenção que o Código de Seabra, ao contrário do actual art. 1764.º, não restringia as doações entre cônjuges aos bens próprios, pelo que se admitia a doação da meação, uma vez que esta se mantinha na sociedade conjugal, continuando o bem adstrito ao seu fim. A restrição ora vigente resultou do Anteprojecto de PESSOA JORGE, e terá por fundamento a própria natureza jurídica da comunhão de bens, enquanto propriedade colectiva, e principalmente, a impossibilidade de modificar o estatuto concreto dos bens, como decorrência do princípio da imutabilidade das convenções antenupciais. V. PIRES DE LIMA/ANTUNES VARELA, *Código Civil ...*, vol. IV., cit., pág. 492.

[314] *Curso...*, cit., pág. 445. No mesmo sentido já se havia pronunciado GUILHERME DE OLIVEIRA, *Sobre o contrato-promessa de partilha....*, cit., pág. 244, considerando irrelevante, *i.e.*, não digno de especial tutela jurídica, o modo como os cônjuges se entendem acerca da distribuição dos bens pelas meações.

Pelas razões já apontadas quanto à antecipação da partilha propriamente dita, também a imputação, ou promessa de imputação, dos bens comuns na meação dos cônjuges, colide com a natureza e regime da comunhão conjugal. Considera-se, por outro lado, que os dois casos permitidos por lei têm natureza excepcional face ao conteúdo do direito dos cônjuges sobre o património colectivo, pelo que deles não pode ser extraída a regra geral nesta matéria.

A inclusão de um determinado bem na meação de um dos cônjuges não deixaria de traduzir uma alteração do regime jurídico da comunhão e da sua natureza jurídica, da qual decorre que a titularidade do património comum não comporta direitos dos cônjuges sobre bens individualizados.

Contudo, a imputação antecipada dos bens na meação dos cônjuges já será de admitir quando, numa situação de crise conjugal, se destine a antecipar os efeitos de uma previsível dissolução da comunhão. Assim, e também por um argumento de quem pode o mais, pode o menos, é de admitir a imputação antecipada de bens nas meações dos cônjuges, quando acordada nas mesmas circunstâncias em que se considerou válido o contrato-promessa de partilha e o contrato de partilha sob condição.

1.1. *Disposições por conta da meação*

O art. 1730.º/2, já referido, vem expressamente permitir que o cônjuge «faça em favor de terceiro doações ou deixas por conta da sua meação nos bens comuns, nos termos permitidos por lei.» (sublinhado nosso).

No que respeita às doações, não poderá estar em causa uma disposição da meação enquanto fracção do bem concreto, pois isso está vedado pela natureza do património comum. Nem esta situação é confundível com doações conjuntas de bens comuns, i.e., efectuadas por ambos os cônjuges ou por um com o consentimento do outro.

A possibilidade de efectuar doações a terceiros por conta da meação nos bens comuns resume-se ao art. 1682.º/4, que permite ao cônjuge, que tenha a administração exclusiva de um bem móvel comum, nos termos do art. 1678.º/2, als. *a)* a *e)*, alienar ou onerar gratuitamente esse bem. Contudo, há que ter em conta duas limitações: primeira, a doação só pode ser efectuada a terceiros, uma vez que a doação de bens comuns entre cônjuges é proibida pelo art. 1764.º/ /1 e reafirmada pelo art. 1730.º/2; segunda, o regime do art. 1682.º/ /4 é inaplicável aos bens móveis previstos na al. *a)* do n.º 3 do mesmo preceito, pois neste caso o acto de disposição gratuita está ferido de anulabilidade, ainda que em certos casos inoponível a terceiros, de acordo com o art. 1687.º/1 e 3.

Como consequência de uma disposição efectuada sobre o património comum, sem qualquer contrapartida para o mesmo, e com intuito de pura liberalidade (excluindo-se as doações remuneratórias e os donativos conformes aos usos sociais), o legislador veio estabelecer que o valor do bem será imputado na meação do disponente, prevendo, assim, como que uma antecipação da sua meação, uma vez que esta apenas é exigível após a dissolução da comunhão.

PEREIRA COELHO/GUILHERME DE OLIVEIRA [315] referem que o art. 1682.º/4 traduz uma das situações de créditos do património comum sobre o cônjuge, pois haverá uma utilização/disposição do património comum em proveito exclusivo. Se centrarmos a questão do ponto de vista dos sujeitos – cônjuges – terá de considerar-se que o direito do cônjuge à meação, concretizado após a dissolução da comunhão, fica logo na pendência da comunhão parcialmente preenchido em montante equivalente ao valor do bem que alienou ou onerou gratuitamente.

O citado art. 1730.º/2 concede, ainda, a faculdade de dispor, para depois da morte, da meação nos bens comuns, concretizada no art. 1685.º, em termos que convém explicitar. Em consonância com a natureza do «direito a metade», em regra só se permite dispor, por morte, por conta do valor da meação (art. 1685.º/1). Mas perante um legado de coisa certa e determinada pertencente ao património comum, a lei determina, não a sua invalidade, mas a sua conversão em «legado pecuniário» (art. 1685.º/2)[316]. No n.º 2 do art. 2252.º, o legislador

---

[315] *Curso...*, cit., pág. 432.

[316] Citando LUIS CARVALHO FERNANDES, *A conversão dos negócios jurídicos*, Quid Iuris, 1993, págs. 624 e 625, trata-se de um caso de conversão legal, em

admite expressamente a especialidade deste regime face ao legado de coisa alheia [317].

Excepcionalmente, nos casos previstos no n.º 3 do art. 1685.º é mesmo possível legar validamente coisa certa e determinada do património comum. Assim, tanto a alínea *b)* como a alínea *c)* do citado n.º 3 traduzem formas de imputação antecipada dos bens comuns na meação dos cônjuges [318].

A alínea *b)* é surpreendente na medida em que, para além de constituir uma excepção ao princípios imperativos da singularidade e pessoalidade do negócio testamentário (cfr. arts. 2181.º e 2182.º) [319], abre a possibilidade aos cônjuges de acordarem, na vigência da comunhão conjugal, sobre a imputação de um bem ou bens concretos do seu património comum, ainda que com eficácia *mortis causa* [320].

No que respeita à al. *c)*, do n.º 3 do art. 1685.º, há quem entenda que a razão de ser da impossibilidade de legar em substância não se verifica quando o beneficiado seja o outro cônjuge, por não

---

que se fixa, *ope legis*, «uma eficácia sucedânea que visa um fim económico quanto possível correspondente ao da deixa ineficaz».

[317] Oliveira Ascensão, *Direito Civil, Sucessões*, 5.ª ed., Coimbra Editora, 2000, pág. 313, refere-se ao legado de coisa em indivisão como figura afim do legado de coisa alheia; v. ainda Carvalho Fernandes, *Lições de Direito das Sucessões*, cit. , págs. 450 e 451.

[318] Quanto ao art. 1685.º/3, *b)*, foi já apontada a mesma observação por Pereira Coelho/Guilherme de Oliveira, *Curso...*, cit., pág. 406, que destacam a permissão legal para acordar, durante o casamento, sobre um certo aspecto da partilha do património comum.

[319] Sobre as perplexidades desta norma perante a proibição de testamentos de *mão comum* v. Oliveira Ascensão, *Direito Civil, Sucessões...*, cit, pág. 48, que sustenta não ser de admitir a intervenção do cônjuge no testamento do outro. A letra da lei parece, no entanto, prever tal possibilidade e neste sentido pronunciam-se Pires de Lima/ Antunes Varela, *Código Civil...*, vol. IV, cit., pág. 314, e Pamplona Corte-Real, *Relatório...*, cit., pág. 40. Para este A. o «inusitado regime» das als. *b)* e *c)* do n.º 3 do art. 1685.º põe também em causa o carácter pessoal do testamento (art. 2182.º).

[320] No mesmo sentido v. Pereira Coelho/Guilherme de Oliveira, *Curso...*, cit., pág. 406.

estar em causa a salvaguarda dos seus direitos que o n.º 2 do art. 1685.º visa acautelar [321].

Contudo, tal não parece fundamentar a permissão que acaba por ser dada ao cônjuge testador, para decidir sozinho e antecipadamente sobre o destino – leia-se imputação – de um bem comum. Saliente-se, ainda, que este preceito prevê uma situação aparentemente proibida pela interpretação literal do n.º 2 do art. 1730.º: a de efectuar uma deixa por conta da meação a favor do outro cônjuge.

O art. 1685.º tem sido entendido em termos bastante amplos pelos nossos tribunais.

É disso exemplo o Ac. STJ de 29-05-1979 (AQUILINO RIBEIRO) [322], onde se considerou que o art. 1685.º/1 e 2 não se restringe aos actos de disposição sobre os bens comuns, na constância do matrimónio, mas também abrange o direito do cônjuge sobrevivo de dispor da meação dos bens comuns indivisos do seu dissolvido casamento, independentemente de ter voltado a casar e o beneficiado ser o segundo marido.

Da mesma forma, o Ac. RP de 15-12-1983 (OLIVEIRA DOMINGUES) [323] considerou ser válida a deixa testamentária efectuada nos termos da al. *b)* do n.º 3 do art. 1685.º, ainda que exceda o valor da meação do disponente, podendo a mesma ser exigida em substância, não havendo herdeiros legitimários.

O exposto ilustra a divergência de regimes entre o legado de coisa comum (art. 1685.º/2 e 3) e a doação de coisa comum (art. 1682.º/4) [324], apresentando-se esta última mais favorável à autonomia privada do cônjuge disponente.

Não pensamos que esteja aqui em causa a protecção do beneficiário da liberalidade, uma vez que, quando se trate de doação de outros bens comuns (móveis e imóveis) que não se insiram na previsão

---

[321] É o entendimento de PIRES DE LIMA/ ANTUNES VARELA, *Código Civil...*, vol. IV, cit., pág. 315 que citam BRAGA DA CRUZ no mesmo sentido.

[322] BMJ n.º 287, pág. 332

[323] CJ 1983, T. v, págs. 234 a 236.

[324] Já apontada, embora sem dela extrair ilações, por PAMPLONA CORTE-REAL, *Relatório...*, cit., pág. 40, n. 51.

do n.º 4 do art. 1682.º, sempre o negócio estará ferido de anulabilidade (art. 1687.º/1).

A diferença parece residir na diferente amplitude do conjunto de bens comuns que podem ser objecto de doação e de legado. Enquanto que a primeira apenas pode ter por objecto um conjunto restrito de bens, delimitado pela sua natureza, pela sua utilização (cfr. 1682.º/3, al. *a)*) e pela sua administração (cfr. art. 1678.º/2, als. *a) a e)*); o legado, pelo contrário, pode incidir sobre quaisquer bens que integrem o património comum. Assim, uma solução semelhante à do n.º 4 do art. 1682.º, significaria permitir ao cônjuge antecipar a partilha *post mortem* do património comum, preenchendo a respectiva meação com os bens legados.

Em conclusão, as denominadas doações ou deixas por conta da meação (art. 1730.º/2) traduzem, como vimos, permissões legais para os cônjuges acordarem, durante o casamento, sobre a futura distribuição dos bens comuns (ou dos respectivos valores) pela meação de cada cônjuge, antecipando, pelo menos parcialmente, a própria partilha. Mas o seu âmbito delimitado de aplicação e as regras a que está submetido o património comum durante a vigência da comunhão, não permitem retirar destas duas situações uma permissão genérica para distribuir os bens comuns antes de dissolvida a comunhão.

2. Atribuições preferenciais

Em geral, por *atribuição preferencial* entende-se o direito atribuído a um dos comuneiros – no que nos interessa, a um dos cônjuges – de ser encabeçado no momento da partilha em determinados bens ou valores. Será um verdadeiro direito potestativo, que coloca os demais partilhantes numa situação de sujeição [325].

---

[325] É a opinião de Capelo de Sousa, *Lições* ..., vol. II, cit., pág. 237, n. 951. Oliveira Ascensão, *Direito Civil, Sucessões*, cit., pág. 528, fala de uma «inutilização» da oposição que essa atribuição possa suscitar nos restantes interessados. Sobre o conceito e modalidades dos direitos potestativos v. Menezes Cordeiro, *Tratado* ..., I, t. I, cit., págs. 170 e ss.

Traduz apenas um benefício qualitativo, que não aumenta o valor da parte que cabe ao comuneiro em causa, e que, assim, obriga ao pagamento de tornas, caso exceda esse valor. É ainda um direito supletivamente previsto na lei, pois não poderá ser exercido quando o bem em causa não exista no património comum, por exemplo, porque foi alienado; podendo ainda ser afastado pelo seu titular, quando não queira exercê-lo [326].

A figura é, assim, distinta da já referida imputação antecipada de bens na meação do cônjuge. Esta, quando permitida, implica que à data da partilha se deva desde logo considerar a meação preenchida com os bens ou valores em causa; enquanto que os bens sujeitos a atribuição preferencial só serão imputados na esfera do titular da atribuição caso este entenda, em sede de partilha, exercer o direito que lhe assiste [327].

Interessa-nos, pois, averiguar em que situações a lei atribui aos cônjuges atribuições preferenciais na partilha dos bens comuns.

No caso de a dissolução da comunhão ocorrer em vida dos cônjuges, apenas se estabelece o direito do cônjuge a ser encabeçado nos instrumentos de trabalho de que necessite para o exercício da sua profissão (art. 1731.º) [328].

Quando a comunhão se dissolva por morte, o cônjuge sobrevivo tem direito a ser encabeçado nos já referidos instrumentos de trabalho, no direito de habitação da casa de morada de família e no direito de uso do respectivo recheio (arts. 2103.º-A/1 e 2103.º-B) [329].

---

[326] No âmbito das atribuições preferenciais dos herdeiros, OLIVEIRA ASCENSÃO, ob. cit., pág. 529, salienta que não há um direito legitimário a estas posições, podendo o autor da sucessão praticar actos de disposição sobre elas *inter vivos* ou *mortis causa*.

[327] Na partilha hereditária as atribuições preferenciais são incluídas entre os actos preparatórios da partilha – vd. OLIVEIRA ASCENSÃO, *Direito Civil, Sucessões*, cit., pág. 528.

[328] Cfr. o *art. 1406-2º e 3º* do *Código Civil* espanhol, onde se atribui preferencialmente a exploração agrícola, comercial ou industrial, desenvolvidas com o trabalho de um dos cônjuges e o local onde o cônjuge exerça a sua profissão. Entre nós é duvidosa a aplicação do art. 1731.º a bens imóveis, nomeadamente quando confrontado com o disposto nos arts. 1678.º/2, *e)* e 1682.º/3, *a)*.

[329] CAPELO DE SOUSA, *Lições...*, vol. II, cit., pág. considera as atribuições preferenciais por morte um caso de nomeação de legatário *ex vi legis*. Sobre as

Contrariamente ao art. 1731.º, as referidas atribuições por morte não atribuem ao cônjuge a propriedade dos bens, mas tão-só direitos reais de habitação e uso, o que pressupõe que a propriedade de tais bens venha a caber na partilha a outros herdeiros [330]. Por outro lado, estas atribuições tanto podem ocorrer sendo a casa de morada de família ou o seu recheio um bem comum do casal, como no caso de serem bens próprios do cônjuge falecido.

Perante as atribuições preferenciais previstas na lei portuguesa, verifica-se que a única norma específica sobre a matéria é o art. 1731.º, pois a atribuição dos direitos de habitação e de uso sobre a casa de morada de família e respectivo recheio só incidentalmente tocam esta matéria, já que entroncam numa linha de protecção do cônjuge sobrevivo, fortemente estabelecida pela Reforma de 1977, e de tutela do estatuto especial da casa de morada de família.

Em França, a protecção do cônjuge sobrevivo levou à previsão legal de certas cláusulas que lhe atribuem direitos na partilha dos bens, verdadeiras atribuições preferenciais, cujos efeitos, no entanto, podem ir além destas: cláusula de *prélèvement moyennant indemnité* (*art. 1511*) que permite ao cônjuge sobrevivo ficar com determinados bens comuns indicados no contrato, contra a restituição do seu valor à comunhão; e a cláusula de *préciput* (*art. 1515*), através da qual o cônjuge sobrevivo fica autorizado a ficar com certos bens ou valores comuns, que mesmo que excedam a sua parte, não o obrigam a compensar a comunhão[331].

Quanto às atribuições preferenciais no regime jurídico português, não há qualquer entrave a que os cônjuges as convencionem após a

---

atribuições preferenciais ao cônjuge sobrevivo v. França Pitão, *A posição do cônjuge sobrevivo no actual direito sucessório português*, 3.ª ed., Almedina, 1994, págs. 49 e ss. Em Espanha, onde o cônjuge sobrevivo detém uma posição sucessória muito diferente, também se consagra a atribuição preferencial da *vivienda* onde tivesse residência habitual, mas permite-se-lhe que opte pela atribuição do direito de propriedade ou do direito de uso ou habitação (cfr. *art. 1407* do *Codigo Civil*).

[330] Capelo de Sousa, ob. cit., vol. II, pág. 242.

[331] Para maiores desenvolvimentos Andre Colomer, *Droit Civil, Régimes...*, cit., págs., 521 e ss; v. Philippe Malaurie, *Les régimes matrimoniaux*, cit., págs. 104 e 105; Gérard Cornu, *Les régimes...*, cit., págs. 574 e ss.

dissolução da comunhão. Julga-se que também o poderão fazer durante o processo de divórcio ou na perspectiva deste, pelas mesmas razões que fundamentam, nestas circunstâncias, a admissibilidade dos acordos de partilha, e por um argumento de maioria de razão.

Resta saber se os nubentes/cônjuges podem acordar entre si, na convenção antenupcial e/ou durante o casamento, atribuições preferenciais não previstas na lei.

A questão foi colocada por PEREIRA COELHO e GUILHERME DE OLIVEIRA [332], que concluem pela sua admissibilidade no âmbito das convenções antenupciais, dada a margem de liberdade que é habitualmente reconhecida nesta sede. Também RITA LOBO XAVIER [333] admite que a convenção antenupcial preveja a adjudicação preferencial de certos bens e até a prioridade de cada um dos cônjuges na adjudicação de todos os bens que entrem para a comunhão pelo seu lado, mas, neste último caso, limita essa possibilidade a situações justificadas e subordinadas ao princípio da igualdade entre os cônjuges.

Embora considerando que suscitará maiores dúvidas perante a tendência da doutrina e jurisprudência para limitar a liberdade contratual entre os cônjuges, os primeiros autores citados consideram possíveis tais acordos durante o casamento, pois para além de satisfazerem interesses legítimos dos cônjuges, não infringiriam qualquer norma imperativa, por não haver modificação do valor do património comum nem das meações que cada cônjuge receberá.

Se a inclusão destas cláusulas na convenção antenupcial se encontra amparada pela ampla liberdade admitida aos cônjuges nesse domínio, temos por duvidosa a validade de tais acordos na pendência do casamento.

De facto, embora as atribuições preferenciais, como se disse, sejam juridicamente distintas da imputação de bens nas meações, a verdade é que podem acabar por conduzir a um mesmo resultado final: o de facultar o preenchimento da meação ainda durante o casamento. Perante isso, e pelas razões já avançadas a propósito dos

---

[332] *Curso...*, cit., págs. 443 e ss.

[333] *Limites...*, cit., págs. 536 e 537.

acordos sobre a imputação de bens na meação, não se consideram vinculativas para os cônjuges as eventuais atribuições preferenciais convencionadas no decurso da normal convivência conjugal. Não obstante, sempre poderão tais atribuições vir a ser efectivamente cumpridas à data da dissolução da comunhão, se essa for ainda a vontade dos interessados.

3. Estipulações sobre o valor dos bens comuns

No negócio jurídico da partilha há que acordar sobre o valor das verbas que compõem o activo e o passivo da comunhão, assim como sobre o valor de eventuais direitos de compensação entre os patrimónios próprios e o património comum ou vice-versa.

Na comunhão hereditária a lei dá indicações claras sobre o momento determinante para a avaliação dos bens, que será o da abertura da sucessão (cfr. arts. 2162.º e 2109.º/1). Mas o Código Civil é omisso quanto ao momento da avaliação dos bens incluídos na comunhão conjugal. O que coloca problemas desde logo quando a meação integre a herança, na sequência da dissolução do casamento por morte [334].

O momento relevante para determinar a composição do activo e do passivo da comunhão é o momento em que se dissolve a comunhão: no caso do divórcio será o momento em que deu entrada o respectivo processo (cfr. art. 1789.º/3). No entanto, entre a dissolução e a partilha pode mediar um tempo mais ou menos longo, durante o qual, como vimos, o regime do património comum, agora partilhável, pode sofrer algumas modificações [335]. Da natureza do próprio negócio jurídico de partilha resultam exigências de actualidade dos valores ao momento em que partilha é realizada [336]. Nesse sentido depõem

---

[334] Cfr. as advertências de Pamplona Corte-Real, citadas supra na pág. 64, n. (151), sobre os problemas que traz para a determinação do *quantum* da herança de qualquer dos cônjuges.

[335] Cfr. supra n.º IV – 2.

[336] Como foi já referido por Guilherme de Oliveira, o valor dos bens concretos e das meações deve ser «actual e referido a um certo momento que,

também os arts. 1346.º e 1362.º do Código de Processo Civil, aplicáveis à partilha dos bens comuns nos termos previstos nos arts. 1404.º/ /3 e 1326.º/3 do mesmo Código.

A questão que se coloca é a de saber se os cônjuges podem acordar, durante o casamento, sobre o valor dos bens comuns, afastando assim a hipótese de actualização em momento próximo da partilha.

Julga-se que não, uma vez que o património partilhável só será achado à data da dissolução da comunhão e é sobre este património concreto que incide a meação dos cônjuges. Fixar antecipadamente os valores significaria a quantificação antecipada do valor da própria meação e, portanto, a renúncia antecipada à partilha do património comum de acordo com o valor que este efectivamente tiver à data em que se concretizar o direito a essa partilha.

Quanto às compensações que devem ser exercidas no momento da partilha (nomeadamente, as previstas nos arts. 1697.º/2 e 1726.º/ /2)[337] o legislador não clarifica se são feitas pelo seu valor nominal ou pelo valor actualizado (como *dívidas de valor*).

---

em rigor, deveria ser o momento da partilha» (*Sobre o contrato-promessa de partilha...*, cit., pág. 231, n. (6)). A mesma ideia é defendida por ANDRE COLOMER, *Droit Civil...*, cit., págs. 486 e 487; e PHILIPPE MALAURIE, *Les régimes matrimoniaux*, cit., págs. 325 e 326, que esclarece ser esse também o entendimento constante na jurisprudência francesa.

[337] A estas acrescem eventualmente os outros casos em que a lei não é clara sobre qual o momento em que se tornam exigíveis (v.g. arts. 1727.º e 1728.º/1). Em crítica à regra da exigibilidade diferida para o momento da partilha v. PEREIRA COELHO e GUILHERME DE OLIVEIRA, *Curso...*, cit., pág. 433 e ss. Estes autores afirmam ser preferível a compensação imediata, pelas razões fundamentais de assim se prevenir conflitos e locupletamentos injustificados, simplificar a operação de compensação e reconhecer, nesta matéria, a autonomia patrimonial dos cônjuges. Em sentido diverso cfr. o recente trabalho de CRISTINA ARAÚJO DIAS, *Compensações devidas pelo pagamento de dívidas do casal*, FDUC, Centro de Direito da Família, Coimbra Editora, 2003, em especial págs. 196 e 206, que distinguindo entre *compensações stricto sensu* e *dívidas* entre cônjuges, defende um princípio de indivisibilidade das compensações que determina que só sejam exigíveis e devidas no momento da liquidação e partilha do património comum.

PEREIRA COELHO e GUILHERME DE OLIVEIRA [338] consideram que, na falta de regra específica que as considere como dívidas de valor, se impõe a regra geral do art. 550.º (princípio nominalista), não obstante a mesma acentuar a injustiça do diferimento da exigibilidade dos créditos de compensação para o momento da partilha. Acrescentam estes autores que também não há, nestes casos, lugar ao pagamento de juros, na medida em que estes traduzem uma indemnização por mora, a qual não existe aqui, por ser a própria lei a diferir o momento do vencimento do crédito.

De facto, não se vê margem na lei para entendimento diverso do exposto. Mas assim sendo, saliente-se a existência de diferentes momentos para a avaliação dos bens, por um lado, e dos créditos de compensação, por outro.

O acordo dos cônjuges sobre o valor dos créditos de compensação, destinado, nomeadamente, a fixar um valor inferior ao seu valor nominal, pode ter-se por admissível apenas quando traduza uma renúncia a créditos próprios, ou seja, nos mesmos termos em que são admitidas as doações entre casados: livremente revogável e com incidência sobre património próprio do renunciante (arts. 1675.º e 1764.º/1) [339].

Todavia, já não será admissível que os cônjuges modifiquem os valores de compensação que sejam devidos ao património comum [340].

Conclui-se, assim, que a natureza da comunhão conjugal e o seu carácter tendencialmente perene, aliados à inexistência, até à dissolução da comunhão, de um direito à partilha na esfera jurídica dos cônjuges, não lhes permitem acordar sobre a avaliação do património comum no decurso do casamento, para efeitos de uma futura partilha.

---

[338] *Curso...*, cit., pág. 438.

[339] Sobre a admissibilidade da renúncia a créditos de compensação, desde que feita sobre situações concretas v. PEREIRA COELHO/GUILHERME DE OLIVEIRA, *Curso...*, pág. 440.

[340] Cfr. a diferente solução no regime francês, onde, precisamente para corrigir desequilíbrios originados pelo decurso do tempo, se estipulam critérios de avaliação que, de acordo com a doutrina, podem ser afastados ou modificados pelos cônjuges no *contrat de mariage* – ANDRE COLOMER, *Droit Civil, Régimes...*, cit., pág. 153; PHILIPPE MALAURIE, *Les régimes matrimoniaux*, cit., págs. 304 e 305.

VII - PARTILHA SEGUNDO REGIME DE BENS NÃO CONVENCIONADO

Já se fez referência ao princípio de que a partilha se fará segundo o regime de bens que vigorou durante o casamento, que decorre do facto de a partilha ser um efeito da cessação das relações patrimoniais entre os cônjuges, pelo que as regras que presidiram a esse regime patrimonial irão também determinar a sua liquidação.

Entre as duas excepções a este princípio, já mencionadas, importa sobretudo analisar o art. 1719.º, pois o art.º 1790.º apresenta-se como uma sanção ao cônjuge que tenha sido declarado único ou principal culpado na sentença de divórcio.

O elemento histórico de interpretação revela-se aqui fundamental para a apreensão do sentido da norma ínsita no n.º 1 do art. 1719.º. E só este permite também explicar o desencontro entre a amplitude da sua epígrafe e a concreta previsão feita no n.º 1 do artigo.

O preceito foi introduzido *ex novo* no Código Civil de 1967, que passou a letra de lei uma prática até aí bastante difundida de utilização da comunhão geral como sistema de partilha dos bens, havendo filhos [341].

---

[341] Quando se estipulava o regime da separação de bens ou até o da comunhão de adquiridos, previa-se com frequência que, em caso de dissolução, havendo filhos, a divisão dos bens existentes se faria como se fossem comuns. Há alguma jurisprudência a pronunciar-se sobre a validade desta cláusula, que o Código de Seabra não previa: veja-se o Ac. RL de 19-08-1910, *O Direito*, ano 44.º, pág. 401; e o Ac. STJ, de 12-03-1957, RLJ, ano 90.º, pág. 230. Note-se que a generalização desta prática, a que aludem os autores da época, é relativa, atendendo ao sempre reduzido número de convenções antenupciais.

Foi inicialmente incluído no projecto de PIRES DE LIMA, no pressuposto da proibição da comunhão geral de bens, à semelhança do Código italiano de então, mas abrindo-se a possibilidade de utilizar o regime como sistema de partilha, respeitando-se a prática existente[342].

BRAGA DA CRUZ chegou a colocar como hipótese à Comissão Redactora do novo Código Civil, a possibilidade de um regime supletivo de comunhão de adquiridos, corrigida, para efeitos de partilha do casal, por uma comunhão absoluta no caso de dissolução por morte e apenas na hipótese de haver filhos, solução que ele próprio considerou não isenta de críticas [343].

O projecto da autoria de GONÇALVES PEREIRA [344] mantinha um artigo com a epígrafe «Partilha em comunhão geral», cuja necessidade se justificava pelo facto de traduzir uma forma especial de partilha dos bens e não um regime patrimonial, não podendo, por isso, considerar-se abrangido pela permissão da convenção antenupcial sob condição; e, por outro lado, impunha-se esclarecer, para protecção dos credores, que a cláusula não produzia efeitos em relação a terceiros.

---

[342] PIRES DE LIMA, *Anteprojecto de dois títulos...*, cit., pág. 25; BRAGA DA CRUZ, *Capacidade patrimonial...*, cit., pág. 429, n. 26; GONÇALVES PEREIRA, *Regimes convencionais...*, cit., pág. 241; . De notar que o Código italiano prevê hoje, como regime supletivo, o regime da *comunione legale* (art. 159.) e ainda o regime da *comunione convenzionale* (art. 210.) mais alargada de acordo com a vontade das partes e nos limites da lei.

[343] *O problema do regime matrimonial...*, cit., págs. 176 e 199 e ss. Na época é patente a preocupação, por um lado, com as fortes críticas ao regime da comunhão geral como forma de enriquecimento de um cônjuge à custa do outro, agravada desde o Código de Seabra, que tendo mantido a comunhão geral como regime supletivo não atendeu à abolição de uma série de vínculos que traduziam uma longa lista de bens incomunicáveis na vigência das Ordenações (*v.g.*, os *bens da coroa*, os *bens vinculados* e os *prazos de livre nomeação*); e por outro, com o respeito pela tradição da partilha neste regime, que constituía, além do mais, uma forma de protecção do cônjuge sobrevivo, uma das vantagens reconhecida à comunhão geral e que acarretava, ainda, uma vantagem de ordem fiscal para os descendentes do casal – cfr. a este respeito BRAGA DA CRUZ, ob. cit., págs. 179 e ss.

[344] V. *Regimes convencionais...*, cit., págs.240 e ss. e 360.

No Anteprojecto resultante da 1ª revisão ministerial, surgiu pela primeira vez a epígrafe «Partilha segundo regimes não convencionados» e, de facto, para além de um n.º 1 com texto equivalente ao actual art. 1719.º/1, surgia um novo n.º 2 (depois mantido no Anteprojecto resultante da 2.ª revisão ministerial e também no Projecto final) que previa o seguinte [345]:

> «2. *Pode igualmente o cônjuge sobrevivo, não tendo o cônjuge falecido descendentes ou ascendentes, e com as reservas do número anterior, optar pela partilha do património segundo o regime da comunhão geral ou da separação de bens, seja qual for o regime adoptado, salvo cláusula na convenção antenupcial ou disposição testamentária em sentido contrário.*»

Mas este n.º 2 ora transcrito não foi contemplado na redacção final do art. 1719.º, não tendo sido corrigida a epígrafe em conformidade [346].

Do exposto se conclui que a previsão do art. 1719.º é tão só a contida na letra do seu n.º 1, não obstante o alargamento enunciado pela respectiva epígrafe, apenas explicável por um lapso do legislador na sua adaptação à redacção final do artigo.

Assim, do art. 1719.º não resulta uma permissão genérica para partilhar segundo regime diverso do regime do casamento, mas tão só a possibilidade de convencionar uma partilha segundo as regras da comunhão geral, quando o regime do casamento haja sido outro, e nas condições cumulativas de o casamento se dissolver por morte e haver filhos comuns à data da dissolução [347].

---

[345] V. Rodrigues Bastos, *Direito da Família, Segundo o Código Civil de 1966*, vol. III, 1978, págs. 102 e 103.

[346] Pires de Lima e Antunes Varela esclarecem que a disposição foi eliminada por se considerar que «levava demasiado longe a protecção do cônjuge sobrevivo, com grave sacrifício das expectativas sucessórias dos herdeiros do cônjuge pré-defunto.» (*Código Civil...*, vol. IV, cit., pág. 415).

[347] Pamplona Corte-Real vê no art. 1719.º o afloramento de um regime legal de tipo comunitário residual (à maneira alemã ou mesmo italiana) – *Relatório...*, cit., pág. 114 *in fine*.

Perante isto cumpre questionar se, para além da estrita previsão do art. 1719.º cujo interesse prático diminuiu bastante após a Reforma de 1977 [348], com a elevação do cônjuge a herdeiro legitimário prioritário (cfr. art.s 2157.º e 2133.º/1, al. a)) [349], os cônjuges podem, no âmbito da sua autonomia privada, convencionar outras situações de partilha sob regime diverso do regime patrimonial escolhido para o casamento.

Precisamente considerando a privilegiada posição sucessória do cônjuge sobrevivo, pode colocar-se a hipótese de os cônjuges, não querendo prescindir da comunhão patrimonial durante o casamento, terem interesse em convencionar a partilha segundo o regime da separação de bens, para que o património do falecido entre integralmente na sucessão, aproximando a posição dos filhos relativamente ao cônjuge [350]. Outra hipótese, contrária a esta, seria a de os cônjuges

---

[348] Formalmente, o Decreto-Lei n.º 496/77, de 25 de Novembro, apenas aboliu, no n.º 1 do preceito, a expressão «sem prejuízo do disposto quanto aos bens dotais».

[349] Na redacção inicial do Código Civil o cônjuge sobrevivo era apenas herdeiro legítimo e apenas na 4.ª classe dos sucessíveis, após os descendentes, ascendentes e irmãos, embora se fossem estes últimos os chamados, beneficiasse do usufruto vitalício da herança.Sobre a evolução da posição do cônjuge sobrevivo desde o Código de Seabra até ao regime trazido pela Reforma de 1977 v. França Pitão, *A posição do cônjuge sobrevivo ...*, cit., págs. 19 e ss. Para uma visão crítica do regime actual v. Oliveira Ascensão, *Direito Civil, Sucessões*, cit., págs. 340 e ss.; Pamplona Corte-Real, *Direito da Família e das Sucessões...*, cit., pág. 70; Leite de Campos, *Lições...*, cit., págs. 600 e ss.; Almeida Costa, *A liberdade de testar e a quota legitimária no direito português (Em especial o confronto do Código Civil de 1867 com a evolução subsequente)*, Coimbra Editora, 1997, págs. 24 e ss.; Paulo Correia Ramirez, *O cônjuge sobrevivo e o instituto da colação*, Almedina, 1997, págs. 81 e ss.

[350] Poderá dizer-se que a hipótese é irrealista porque significaria que, ao mesmo tempo que os cônjuges convencionavam um regime de comunhão, estavam a retirar-lhe o seu principal efeito, o levantamento da meação nos bens comuns. Mas não será bem assim se pensarmos que a comunhão na vigência do matrimónio acarreta uma série de efeitos ao nível da administração dos bens e dos poderes de disposição sobre os mesmos, que podem ser queridos pelos cônjuges. Além do mais, a previsão da separação de bens em caso de dissolução por morte pode ter subjacente o interesse em restringir a *intermediação* do cônjuge sobrevivo na passagem do património à geração seguinte.

convencionarem o regime da separação de bens, mas pretenderem que a partilha por morte se faça no regime da comunhão de adquiridos, em benefício do cônjuge sobrevivo. Há, ainda, a possibilidade de os cônjuges, independentemente do regime de bens escolhido, quererem diferenciar o regime da partilha, consoante o casamento se dissolva em vida ou por morte.

Sendo certo que o art. 1719.º, por si, não permite validar qualquer outra situação de partilha segundo regime não convencionado, diversa daquela que contempla, não se afigura claro que a sua previsão signifique precisamente a exclusão de outras situações.

Poderá argumentar-se que assim é, pela necessidade que houve em expressamente contemplar esta situação e pelas considerações de que a mesma não caberia na previsão do art. 1713.º No entanto, o argumento não é decisivo.

Pode admitir-se, como fazem PIRES DE LIMA e ANTUNES VARELA [351] que a previsão expressa do n.º 1 do art. 1719.º afastou eventuais dúvidas sobre a sua admissibilidade, mas a verdade é que já se tratava de uma prática bastante difundida entre nós que, não tendo cobertura expressa na letra da lei, não suscitava especiais problemas à doutrina ou à jurisprudência [352].

Além do mais, embora não seja um elemento determinante, não deixa de ser importante que a norma contida no n.º 1 do art. 1719.º tenha, inicialmente, sido pensada como um parágrafo de um preceito que proibia a comunhão geral como regime de bens, ou seja, num contexto em que era de facto indispensável. Acabou por manter-se nos projectos posteriores, ao que parece, essencialmente como resposta a uma preocupação de distinguir esta situação da do regime de bens sob condição e de explicitar a protecção dos terceiros credores.

A questão já foi identificada como tratando-se da escolha de uma forma especial de partilha, não tendo, por isso, eficácia retroactiva

---

[351] *Código Civil ...*, vol. IV, cit., págs. 414 e 415.

[352] V. CUNHA GONÇALVES *Tratado...*, vol. VI, cit., págs. 346 e ss. que admitia com amplitude as cláusulas modificativas da partilha do casal, dando como exemplos as expressamente permitidas no Código Civil francês, a que já se aludiu. Cfr. também a jurisprudência citada supra na n. 341.

susceptível de modificar os efeitos entretanto produzidos pelo regime de bens.

Esta situação é também absolutamente distinta dos acordos sobre a partilha acima tratados. Nestes está em causa a definição dos efeitos que deverão ser produzidos pelo negócio jurídico da partilha. Naquela pretende-se determinar as regras a que vai obedecer esse mesmo negócio jurídico, i.e., as normas pelas quais se poderão acordar os efeitos dessa partilha.

A cláusula em apreço constitui, portanto, uma regra do regime patrimonial especial, que embora não seja uma regra do regime de bens destinado a vigorar durante o casamento, é uma estipulação sobre a forma como se vai operar a liquidação desse regime entre os cônjuges, após a dissolução do casamento.

O princípio vigente neste campo é o da liberdade na fixação do regime de bens, que inclusivamente permite aos cônjuges a estipulação de regimes de bens atípicos (art. 1698.º).

Ora, a regra de que a partilha se fará de acordo com o regime de bens nem é uma regra do denominado regime patrimonial primário, como o são as regras de disposição e alienação de bens ou regime de responsabilidade por dívidas, nem se inclui na enumeração do art. 1699.º/1. Além do mais, será forçoso considerar que a imperatividade resulta do teor dos próprios arts. 1688.º e 1689.º, que só lateralmente tangem a questão da forma da partilha, e que, de forma directa, se destinam a regular, respectivamente, o momento da cessação das relações patrimoniais e as operações destinadas à liquidação do regime matrimonial [353].

Como tal, a estipulação de que a partilha se fará de acordo com regime diverso do regime de bens escolhido é válida, desde que inserida em convenção antenupcial, ao abrigo do art. 1698.º [354]

---

[353] O art. 1689.º, apesar de inserido na secção das «Disposições gerais», do Capítulo atinente aos «Efeitos do casamento», está pensado apenas para a liquidação dos regimes de comunhão, carecendo de adaptações na sua aplicação à liquidação do regime de separação de bens.

[354] Parecendo também admitir a hipótese v. RITA LOBO XAVIER, *Limites à autonomia...*, cit, pág. 536.

Há apenas uma restrição imposta por lei: a de que serão sempre salvaguardados os interesses de terceiros na liquidação do passivo. Essa imposição resulta não apenas do n.º 2 do art. 1719.º, aplicável analogicamente a outras situações de partilha segundo regime de bens não convencionado, mas também de um princípio geral de boa-fé, na sua vertente de tutela da confiança dos terceiros que contratam com os cônjuges (também reflectido no disposto nos arts. 1713.º/2 e 1789.º/3).

Não se considera admissível qualquer estipulação sobre esta matéria fora da convenção antenupcial porque se trata de uma cláusula que embora não regule o regime de bens, não deixa de constituir, pela negativa, uma regra desse mesmo regime: a de que a partilha não se fará de acordo com o regime escolhido.

Nesse sentido, traduz uma modificação ou derrogação dos efeitos que esse regime produziria à data da sua extinção. Por exemplo, se os cônjuges acordarem o regime da comunhão de adquiridos e convencionarem que, em caso de dissolução por morte e havendo filhos comuns, a partilha se fará segundo o regime da separação de bens, estão a afastar a aplicação das regras emergentes da comunhão, como o levantamento da meação.

Assim, a estipulação de que a partilha se fará segundo regime não convencionado está também sujeita ao princípio da anterioridade e imutabilidade vertido no art. 1714.º

A previsão de uma partilha segundo regime diferente no caso de dissolução do casamento por divórcio, coloca um outro problema, pois ainda que se considere que se trata de um efeito patrimonial na disponibilidade das partes, a sua previsão pode ser entendida como uma atribuição ao divórcio de efeitos diferentes daqueles que estão consagrados na lei e pode também significar uma limitação ao livre exercício do direito ao divórcio.

Ainda na vigência da redacção inicial do Código Civil, a questão colocou-se a propósito do art. 1719.º, nos casos em que, havendo filhos, o casamento se dissolvesse por divórcio, tendo havido quem considerasse a estipulação nula perante o regime do divórcio, nomeadamente, porque inibiria aquele que tivesse levado menos bens para o casamento de pedir o divórcio, esperando que os bens do outro se lhe viessem a comunicar, no caso de lhe sobreviver [355].

No entanto, pensamos que tal entendimento labora num equívoco: em primeiro lugar, a estipulação das regras que vão presidir à partilha, ainda que diversas das que resultariam do regime de bens escolhido para o casamento, e mesmo que destinadas a vigorar na hipótese de divórcio, dificilmente se pode considerar uma estipulação sobre os efeitos do próprio divórcio, sob pena de assim se terem de considerar as várias estipulações sobre os regimes de bens. E o mesmo pode ser dito quanto a esta estipulação significar restrições ao direito ao divórcio, pois nesse caso, também teríamos de admitir que os cônjuges casados no regime da separação de bens estariam menos livres para pedir o divórcio, atendendo, nomeadamente, à expectativa jurídico-sucessória de que são titulares.

Conclui-se, assim, pela admissibilidade de estipular na convenção antenupcial que a partilha dos bens se fará segundo regime diverso do regime de bens do casamento, nos casos em que a dissolução do casamento ocorra por divórcio.

---

[355] Foi o entendimento de VAZ FERREIRA e MADEIRA e MELO citados por PEREIRA COELHO, *Curso...*, pág. 248, n. 1. Já este último entendia que a cláusula era válida por não haver uma intenção objectiva de limitar ou impedir o direito ao divórcio. V. ainda LOPES CARDOSO, *Partilhas Judiciais...*, vol. III, cit., pág. 396, n. 4360.

VIII - SÍNTESE CONCLUSIVA

O regime da comunhão de bens é o principal e mais frequente regime de bens do casamento, transportando para as relações patrimoniais entre os cônjuges a especialidade de uma contitularidade patrimonial una e indivisível.

A escassa apetência pelo exercício da liberdade de convencionar o regime de bens e o desconhecimento generalizado do estatuto patrimonial do casamento, muitas vezes só despertado nas situações de conflito conjugal, agravado além do mais pela impossibilidade de modificar a opção tomada após a celebração do casamento, realçam a necessidade de, em sede própria, facultar aos nubentes os indispensáveis esclarecimentos sobre os regimes de bens do casamento, permitindo-lhes, assim, uma decisão consciente.

O percurso efectuado revelou uma conclusão já esperada: sendo habitualmente limitada a autonomia contratual dos cônjuges, essa limitação é ainda mais acentuada no âmbito da comunhão conjugal de bens.

As zonas de autonomia encontradas exigem sempre um esforço de construção jurídica por parte do intérprete. Tal ficará a dever-se, nuns casos, à natureza da comunhão conjugal e à indivisão a que esta obriga e, noutros, à escassa liberdade consentida aos cônjuges para contratarem entre si.

As estipulações dos cônjuges sobre a partilha dos bens comuns, que desde logo estão fortemente condicionadas pelo regime especial que o património comum assume durante o casamento, são também dificultadas pela ligação – ainda não quebrada no nosso regime jurídico – entre a vigência da comunhão conjugal e a duração da própria relação conjugal, resultante da impossibilidade de modificar o regime de bens durante o casamento.

De um modo geral, a partilha dos bens assume uma importância principal no âmbito do processo de divórcio, onde os negócios jurídicos de partilha sujeitos à condição do divórcio são a forma encontrada para colmatar a omissão legal sobre esse acordo no processo de divórcio.

Os legítimos anseios dos interessados, em acordar a partilha dos bens comuns durante o divórcio, bem como o interesse da sociedade em geral em minimizar potenciais conflitos, aconselham uma alteração legislativa no sentido de tornar obrigatória a junção do acordo de partilha ao processo de divórcio por mútuo consentimento.

BIBLIOGRAFIA

Portuguesa

ABOIM, SOFIA/ WALL, KARIN – *Tipos de família em Portugal: interacções, valores, contextos, Análise Social, Revista do Instituto de Ciências Sociais da Universidade de Lisboa, Famílias*, vol. XXXVII, n.º 163, Verão 2002, pág. 475.

ALBUQUERQUE, PEDRO – *Autonomia da vontade e negócio jurídico em Direito da Família*, CTF n.os 328/330 e 331/333, 1986.

ALBUQUERQUE, RUY DE/, ALBUQUERQUE, MARTIM DE – *História do Direito Português*, vol. I, t. II, Faculdade de Direito de Lisboa, 1983.

ALMEIDA, CARLOS FERREIRA DE – *Texto e Enunciado na Teoria do Negócio Jurídico*, vol. I, Colecção Teses, Almedina, 1992.

ANDRADE, MANUEL A. DOMINGUES DE – *Teoria Geral da Relação Jurídica*, vol. I, *Sujeitos e Objecto* e vol II, *Facto Jurídico, Em Especial Negócio Jurídico*, Livraria Almedina, Coimbra, 1960.

ASCENSÃO, JOSÉ DE OLIVEIRA – *O Direito, Introdução e Teoria Geral, Uma perspectiva Luso-Brasileira*, 11ª ed., Almedina, 2001.

— *Direito Civil, Sucessões*, 5ª ed., Coimbra Editora, 2000.

— *Direito Civil, Teoria Geral*, vol. I, 2ª ed., 2000, vol. II, 1999 e vol. III, 2002, Coimbra Editora.

— Direito Civil, Reais, 5ª ed., Coimbra Editora, 2000.

BASTOS, JACINTO FERNANDES RODRIGUES – *Direito da Família, Segundo o Código Civil de 1966*, vol. II, 1977, e vol. III, 1978, Livraria Petrony.

BELEZA, MARIA LEONOR PIZARRO – *Os efeitos do casamento*, Reforma do Código Civil, Ordem dos Advogados, Instituto da Conferência, Lisboa, 1981.

— *Direito da família*, Apontamentos das lições proferidas no ano lectivo de 1980/1981, AAFDL, 1980.

CAMPOS, DIOGO LEITE DE – *Lições de Direito da Família e das Sucessões*, 2ª ed., Almedina, 2001.

CARDOSO, JOÃO ANTÓNIO LOPES – *Partilhas Judiciais*, vol. III, Livraria Almedina, Coimbra, 1991.

CENSOS 2001, Resultados Provisórios, INE, 2002.

CERDEIRA, ÂNGELA CRISTINA DA SILVA – *Da responsabilidade civil dos cônjuges entre si*, FDUC, Centro de Direito da Família, Coimbra Editora, 2000.

CID, NUNO DE SALTER – *A protecção da casa de morada de família no direito português*, Almedina, 1996.

COELHO, FRANCISCO MANUEL PEREIRA – *Curso de Direito da Família*, I – *Direito matrimonial*, t. 2.º, UNITAS, Coimbra, 1969.

COELHO, FRANCISCO PEREIRA/ OLIVEIRA, GUILHERME DE – *Curso de Direito da Família*, vol. I, 2ª ed., com a colaboração de RUI MOURA RAMOS, Coimbra Editora, 2001.

COELHO, LUÍS DA CÂMARA PINTO – *Da compropriedade no Direito Português*, Lisboa, Oficinas de S. José, 1939.

CORDEIRO, ANTÓNIO MENEZES – *Tratado de Direito Civil Português*, I, Parte Geral, t. I, 2ª ed.; e t. II, Livraria Almedina, 2000.

— *Direito das Obrigações*, 1.º vol., AAFDL, 1990.

— *Direitos Reais*, I vol., INCM, 1979.

CORTE-REAL, CARLOS PAMPLONA – *Direito da Família e das Sucessões – Relatório*, Suplemento da RFDUL, Lex, Lisboa, 1996.

— *Direito da Família e das Sucessões*, vol. II – *Sucessões*, Lex, 1993.

COSTA, MÁRIO JÚLIO DE ALMEIDA – *Contrato – promessa, uma síntese do regime vigente*, 7ª ed., Almedina, 2001.

— *A liberdade de testar e a quota legitimária no direito português (Em especial o confronto do Código Civil de 1867 com a evolução subsequente)*, Coimbra Editora, 1997.

CRUZ, GUILHERME BRAGA DA – Regime de bens do casamento, BMJ n.º 63, 1957, pág. 160.

— *Regime de bens do casamento*, BMJ n.º 122, Janeiro 1963, pág. 205.

— *Capacidade patrimonial dos cônjuges*, BMJ n.º 69, Outubro 1957, pág. 429.

— *Problemas relativos aos regimes de bens do casamento sobre que se julga necessário ouvir o parecer da Comissão redactora do novo Código Civil*, BMJ n.º 52, Janeiro 1956, pág. 341.

— *O problema do regime matrimonial de bens supletivo no novo Código Civil Português*, BMJ n.º 53, 1956, pág. 173.

CUNHA, PAULO – *A incapacidade do cônjuge do herdeiro determinará inventário obrigatório?*, *O Direito*, Ano 77º, n.º 1, Janeiro 1945, pág. 98.

— *Direito da Família*, Lições coligidas pelos alunos Raúl Ventura, Raúl Marques e Júlio Salcedas, Lisboa, 1941.

CUNHA, PAULO OLAVO – *Venda de bens alheios*, ROA, Ano 47, Setembro 1987.

DIAS, CRISTINA M. ARAÚJO – *Compensações devidas pelo pagamento de dívidas do casal*, FDUC, Centro de Direito da Família, Coimbra Editora, 2003.

FERNANDES, LUÍS A. CARVALHO – *Lições de Direito das Sucessões*, *Quid Juris*, Lisboa, 1999.

— *Lições de Direitos Reais*, Quid Juris, Lisboa, 1997.

— *Teoria Geral do Direito Civil*, vol. I, 2.ª ed., Lex, Lisboa, 1996.

— *A conversão dos negócios jurídicos*, Quid Juris, 1993.

FERRÃO FILHO, ABRANCHES – *Direitos de Família*, Imprensa Beleza, Lisboa, 1927.

FERREIRA, DURVAL – *Negócio jurídico condicional*, Almedina, 1998.

FREITAS, JOSÉ LEBRE DE – *O contrato-promessa e a execução específica (comentário a uma decisão judicial)*, separata do BMJ n.º 333, Lisboa, 1984.

GOMES, JÚLIO – *Modificações do regime matrimonial. Algumas observações de direito comparado*, RN 1987/3 (Julho – Setembro), n.º 29, pág. 321 e RN 1987/4 (Outubro – Dezembro), n.º 30, pág. 475.

GOMES, MANUEL JANUÁRIO DA COSTA – *Em Tema de Contrato-Promessa*, reimpressão, AAFDL, 1990.

GONÇALVES, LUÍS DA CUNHA – *Tratado de Direito Civil, Em comentário ao Código Civil Portugês*, vol. VI, Coimbra Editora, 1932.

— *Direitos de Família e Direitos das Sucessões*, Edições Ática, s.d.

HÖRSTER, HEINRICH EWALD – *A Respeito da responsabilidade civil dos cônjuges entre si*, *Scientia Iuridica*, n.ºs 253/255, Janeiro/Junho 1995, pág. 113.

LEITÃO, LUÍS MANUEL TELES DE MENEZES – Direito das Obrigações, vol. I, 2ª ed., Almedina, 2002.

LIMA, FERNANDO ANDRADE PIRES DE – *Anteprojecto de dois títulos do novo Código Civil referente às relações pessoais entre os cônjuges e à sua capacidade patrimonial*, Lisboa, 1956.

— *Resposta à consulta de um assinante* ...., RLJ, Ano 88º, 1955-1956, pág. 373.

LIMA, F. A. PIRES DE/ CRUZ, G. BRAGA DA – *Direitos de Família*, 3ª ed., vol. II, Coimbra Editora, 1953.

LIMA, PIRES DE/ VARELA, ANTUNES – *Código Civil Anotado*, vol. I, 4ª ed., 1987; vol. III, 2ª ed. (colaboração de HENRIQUE MESQUITA); e vol. IV, 2ª ed., 1992, Coimbra Editora.

MARTINS, ANTÓNIO CARVALHO – *Acção de divisão de coisa comum*, Coimbra Editora, 1992.

MATOS, ALBINO – *Partilha, divórcio e condição, Temas de Direito Notarial*, I, Almedina, Coimbra, 1992, pág. 467.

MENDES, JOÃO DE CASTRO – *Teoria Geral do Direito Civil*, vol. II (ed. revista em 1985), AAFDL, 1995.

— *Direito de Família*, ed. revista por Miguel Teixeira de Sousa, AAFDL, 1990/1991.

— *Da condição*, BMJ n.º 263, 1977, pág. 37.

MESQUITA, HENRIQUE – *Direitos Reais*, Coimbra, 1967.

OLIVEIRA, GUILHERME FALCÃO FREIRE DE – *Um Direito da família europeu? (Play it again, and again...Europe!)*, RLJ, Ano 133º, n.ºs 3913 e 3914, Agosto-Setembro 2000, pág. 105.

— *«Queremos amar-nos ... mas não sabemos como»*, RLJ, Ano 133º, n.ºs 3911 e 3912, Junho-Julho 2000, pág. 41.

— *Temas de Direito da Família, 1*, FDUC, Centro de Direito da Família, Coimbra Editora, 1999.

— *A reforma do direito da família de Macau*, RLJ, Ano 132º, n.ºs 3901 e 3902, Agosto-Setembro 1999, pág. 103.

PEREIRA, MANUEL GONÇALVES – *Regimes convencionais, Anteprojecto para o novo Código Civil*, BMJ n.º 122, 1963, pág. 223.

PINTO, CARLOS ALBERTO DA MOTA – *Teoria Geral do Direito Civil*, 3ª ed., Coimbra Editoria, 1996.

PITÃO, JOSÉ ANTÓNIO DE FRANÇA – *Uniões de facto e economia comum*, Almedina, Janeiro 2002.

— *O processo de inventário (Nova tramitação)*, 3ª ed., Almedina, 2001.

— *A posição do cônjuge sobrevivo no actual direito sucessório português*, 3ª ed., Almedina, 1994.

PROENÇA, JOSÉ CARLOS BRANDÃO – *Do incumprimento do contrato – promessa bilateral*, BFDUC, n.º especial, Estudos em homenagem ao Prof. Doutor A. Ferrer Correia, Coimbra, 1989.

RIBEIRO, RÓMULO RAÚL/ BOTELHO, J. JOAQUIM CARVALHO – *Partilha notarial entre cônjuges na pendência da acção de divórcio*, SPB Editores, 1998.

RAMIREZ, PAULO NUNO HORTA CORREIA – *O cônjuge sobrevivo e o instituto da colação*, Almedina, 1997.

ROCHA, M. A. COELHO DA – *Instituições de Direito Civil Portuguez*, t. I, 4ª ed., Coimbra, Livraria Augusto Orcel, 1857.

SANTOS, BOAVENTURA SOUSA/MARQUES, MARIA MANUEL LEITÃO/ PEDROSO, JOÃO/FERREIRA, PEDRO LOPES – *Os Tribunais nas sociedades contemporâneas. O caso português*, Edições Afrontamento, 1996.

SANTOS, EDUARDO DOS – *Direito da Família*, Almedina, Coimbra, 1999.

SERRA, ADRIANO VAZ – *Contrato-promessa*, BMJ n.º 76, pág. 5

— *Anotação* ao Ac. STJ de 29-10-1965, RLJ, Ano 99º, págs. 85 a 90.

— *Anotação* ao Ac. STJ de 02-06-1977, RLJ, Ano 111º, págs. 88 a 96.

SILVA, JOÃO CALVÃO DA – *Sinal e Contrato-Promessa*, 7ª ed., Almedina, Novembro 2001.

SILVA, MANUEL GOMES DA – *Curso de Direito das Sucessões*, Apontamentos das lições do ano lectivo de 1952-53, AAFDL, 1955.

SOUSA, MIGUEL TEIXEIRA DE – *O regime jurídico do divórcio*, Almedina, Coimbra, 1991.

— *Estudos sobre o novo Processo Civil*, Lex, 1997.

SOUSA, RABINDRANATH CAPELO DE – *Lições de Direito das Sucessões*, vol. II, 1980/82, Coimbra Editora.

TELLES, INOCÊNCIO GALVÃO – *Manual dos contratos em geral*, 2ª ed., 1962, e 4ªed., 2002, Coimbra Editora, 2002.

— *Parecer de 22-10-1997*,publicado em RÓMULO RIBEIRO/ JOAQUIM BOTELHO, *Partilha notarial entre cônjuges na pendência da acção de divórcio*, SPB Editores, 1998, pág. 155.

— *Direito das Obrigações*, 7ª ed., Coimbra Editora, 1997.

— *Direito das Sucessões*, Noções Fundamentais, 6ª ed., Coimbra Editora, 1991.

TOMÉ, MARIA JOÃO ROMÃO CARREIRO VAZ – *O direito à pensão de reforma enquanto bem comum do casal*, BFDUC, Studia Iuridica 27, Coimbra Editora, 1997.

VARELA, JOÃO DE MATOS ANTUNES – *Direito da Família*, 1.º vol., 4ª ed., Livraria Petrony, Lisboa, Fevereiro 1996;

— *Efeitos patrimoniais do casamento,* Revista de Direito Comparado Luso-Brasileiro, Ano II, n.º 3, Julho1983, Forense, Rio de Janeiro, 1984, pág. 41.

VASCONCELOS, PEDRO PAIS DE – *Teoria Geral do Direito Civil*, vol. I, Lex, Lisboa, 1999.

VENTURA, RAÚL – *O contrato de compra e venda no Código Civil – Venda de bens alheios – Venda com expedição*, ROA, Ano 40, pág. 305.

XAVIER, RITA LOBO – *Limites à autonomia privada na disciplina das relações patrimoniais entre os cônjuges*, Almedina, Coimbra, Janeiro 2000.

— *Contrato – promessa de partilha dos bens do casal celebrado na pendência da acção de divórcio*, RDES, Jan.–Set. 1994, Ano XXXVI, nºs. 1, 2 e 3, pág. 137.

— *Reflexões sobre a posição do cônjuge meeiro em sociedades por quotas*, Separata do BFDUC, XXXVIII, Coimbra, 1993.

Estrangeira

AA.V.V. – *Droit de la famille*, sob a direcção de JACQUELINE RUBELLIN-DEVICHI, Dalloz, 1999.

AA.V.V. – *Familles & Justice, Justice civile et evolution du contentieux familial en droit comparés*, Actes du Congrès international organisé par le centre de Droit de la Famille de l'Université Catholique de Louvain, Bruxelles, 5-8 juillet 1994, Bruyllant Bruxelles, 1997.

AA.V.V. – *The Law and Economics of Marriage and Divorce*, Cambridge University Press, 2002.

Alarcon, Mariano Lópéz – *El nuevo sistema matrimonial español: nulidad, separación Y divorcio*, Tecnos, 1983.

Andrini, Maria Claudia – *Forma e pubblicità delle convenzione matrimoniale e degli accordi di separzione tra coniugi, Familia, Rivista di diritto della famiglia e delle successioni in Europa*, 1, *gennaio-marzo* 2001, pág. 37.

Berdejo, J. L. la Cruz / Rebullida, F. de Asís S./Serrano, A Luna /Hernández, F. Rivero/Albesa, J. Rams – *Elementos de Derecho Civil, IV, Derecho de Familia*, 4ª ed., Jose Maria Bosch Editor, Barcelona, 1997.

Bromley, P.m./ Lowe, N.v. – *Family Law*, 7th edition, London, Butterworths, 1987.

Carbonnier, Jean – *Droit civil, La famille, l´enfant, le couple*, PUF, 20.ª ed., 1999.

Champenois-Marmier, Marie-Pierre/ Faucheux, Madeleine – *Le mariage et l´argent*, PUF, 1981.

Colombet, Claude/ Foyer, Jacques/ Outros – *Dictionnaire Juridique, Divorce*, Dalloz, Paris, 1984.

Colomer, André – *Droit Civil, Régimes matrimoniaux*, 10 ed., Litec, 2000.

Cornu, Gérard – *Les régimes matrimoniaux*, 9 édition, PUF, 1997;

— *Le contrat entre époux, Recherche d´un critère général de validité, Revue Trimestrielle de Droit Civil*, t. 51, 1953, pág. 461.

Corsi, Francesco – *Il regime patrimoniale della famiglia,* Vol. I – *I rapporti patrimoniale tra coniugi in generale. La conventione legale*, 1979, Vol. II – *Le convenzioni matrimoniali famiglia e impresa*, 1984, *in Trattato di Diritto Civile e Commerciale* de Antonio Cicu e F. Medssioeo, Dott. A.Giuffré Editore.

Cupis, Adriano de – *Brevi note sulla conversione dei contratti*, Rivista Trimestrale di Diritto e Procedura Civile, Ano XL, n. 3, Settembre 1986, pág. 950.

Dagot, Michel – *La clause d´attribuition intégrale de la communauté*, JCP, *La Semaine Juridique*, Doctrine, Édition Générale, n. 4, 22 Janvier 1997, 3995.

— *La vente entre époux*, JCP, *La Semaine Juridique*, Doctrine, Ed. Géneral, n. 5, 1987, 3272.

Daino, Miranda Gionfrida – *La posizione dei creditori nella comunione legale tra coniugi*, Padova, Cedam, 1986.

DELESTRAINT, P. DUPONT – *Droit Civil, Contrat de mariage et régimes matrimoniaux, successions, liberalités*, Librairie Dalloz, 2ª ed., 1972.

ENCINAS, EMILIO EIRANOVA, *Código Civil Alemán comentado*, Marcial Pons, Barcelona, 1998.

ENNECCERUS, LUDWIG /KIPP, THEODOR /WOLFF, MARTÍN – *Tratado de Derecho Civil*, t. 1, *Parte General*, II, por ENNECCERUS/NIPPERDEY, tradução da 39ª ed. alemã de Blas Pérez González e José Alguer, BOSCH, 3ª ed., Barcelona, 1981.

FERNÀNDEZ, MANUEL RIVERA – *La comunidad postganancial*, J.M. Bosch Editor, Barcelona, 1997.

FERRAND, FRÉDÉRIQUE – *Droit privé allemand*, Dalloz, 1997.

FERRARI, SUSANNE – *La riforma austriaca del diritto matrimoniale, Familia, Rivista di diritto della famiglia e delle successioni in Europa*, 1, *gennario-marzo* 2001, *Giuffré Editore*, pág. 165.

FRAGALI, MICHELE – *La comunione. La comunione in generale – la comunione edilizia – le altre comunioni speciali*, t. I, *Trattato di Diritto Civile e Commerciale*, vol. XIII, t. 1, de Antonio Cicu e Francesco Messineo; Milano, Dott. A. Giuffrè Editore, 1973.

FUSARO, ANDREA – *Il regime patrimoniale della famiglia*, Cedam Padova, 1990.

GABRIELLE, GIOVANNI – *Scioglimento parziale della comunione legale fra coniugi, esclusione dalla comunione di singoli beni e rifiuto preventivo del coacquisto*, RDC, Ano XXXIV, N. 3, Maggio – Giugno, 1988, pág. 341.

GARCÍA, CARLOS-JAVIER RODRÍGUEZ – *Un intento de aproximación al estructuralismo jurídico acerca de los regímenes económico-matrimoniales y de la sucesiòn ab intestato del cónyuge, en los ordenamientos civiles Aleman y Español*, *Revista de La Facultad de Derecho de La Universidad Complutense*, 79, curso 1991-92, Madrid, págs. 321 a 362.

GILISSEN, JONH – *Introdução Histórica ao Direito*, Fundação Calouste Gulbenkian, Lisboa, 1986.

GROSCLAUDE, LAURENT – *Stocks options: biens propres ou biens communs?*, *Droit de la famille*, JurisClasseur, n. 12, *Décembre* 2001, pág. 22.

GUTIÉRREZ, VICENTE GUILARTE – *La naturaleza de la actual sociedad de gananciales*, Annuario de Derecho Civil, t. XLV, fasc. III, Julio-Septiembre 1992, pág. 875.

— *Impugnación de capitulaciones matrimoniales en fraude de acreedores*, Tecnos, Madrid, 1991.

HAUSER, JEAN/ HUET-WEILLER, DANIÈLE – *La Famille, Dissolution de la famille Traité de Droit Civile* (sous la directions de J. Ghestin), Librairie Général de Droit et Jurisprudence, 1991.

HENRICH, DIETER – *La réforme du droit italien de la famille en ses rapports avec les législations des pays européens*, La Riforma del Diritto di Famiglia Dieci Anni Doppo, Atti del Convegno di Verona, 14-15 giugno 1985, Padova, CEDAM, 1986.

INGINO, GIOVANNI – *Gli effetti dello scioglimento della comunione legale sui rapporti patrimoniali tra coniugi anteriormente alla divisione*, *Quadrimestre*, Rivista di Diritto Privato, n.º 2, 1989, Giuffrè editore, pág. 317.

JULIEN, PIERRE – *Les contrats entre époux*, Paris, Librairie Général de Droit et de Jurisprudence, 1962.

LARENZ, KARL – *Metodologia da Ciência do Direito*, 2ª ed., trad. de José Lamego, FCG, s.d.

LÉCUYER, HERVÉ – *Brèves observations sur la proposition de loi «portant réforme du divorce», Droit de la famille, JurisClasseur*, n.º 12, Décembre 2001, pág. 4.

LEHMANN, HEINRICH – *Derecho de Familia*, vol. IV, trad. de la segunda ed. Alemana (1947) de José M. Navas, Editorial Revista de Derecho Privado, Madrid.

MAHIEU,GEORGES – *Partages et cession de droit indivis entre époux*, *Les Contrats entre Époux,* Conseil Régional Francophone de La Fédération Royale des Notaires de Belgique, Bruylant Bruxelles, 1995, pág. 38.

MALAURIE, PHILIPPE – *Les régimes matrimoniaux*, 4 ed., Éditions Cujas, 1999.

MARTY, GABRIEL/ RAYNAUD, PIERRE – *Les régimes matrimoniaux*, 2ª ed., Sirey, Paris, 1986.

MOCCIA, LUIGI – *Promessa e contratto (spunti storico – comparativi)*, Riv. Diritto Civile, Ano XL, n.º 6, Nov. – Dec. 1994, 819-852, CEDAM, Padova.

MONTANIER, JEAN-CLAUDE – *Les régimes matrimoniaux*, Presses Universitaires de Grenoble, 1992.

MOREAU, MICHEL – *La reforme française des régimes matrimoniaux, vingt ans après*, Separata do vol. LX do BFDUC, 1985.

MOZOS, JOSE LUIS DE LOS – *La nueva sociedad de gananciales*, *Estudos em Homenagem ao Prof. Doutor A Ferrer Correia*, II, BFDUC, número especial, Coimbra, 1989, pág. 621.

NETO, FRANCISCO DOS SANTOS AMARAL, *A relação jurídica matrimonial*, *Revista de Direito Comparado Luso-Brasileiro*, Instituto de Direito Comparado Luso-Brasileiro, Ano II, nº 2, Janeiro 1983, Forense, Rio de Janeiro, 1983, pág. 156.

PATTERSON, DENNIS M. – *The value of a promise*, Law and Philosophy, International Journal for Jurisprudence and Legal Philosophy, vol. 11, n.º 4, 1992, Kluwer Academic Publishers, págs. 385 a 402.

QUIROS, MANUEL PEÑA BERNALDO DE – *Derecho de Familia*, *Seccion de Publicaciones, Facultad de Derecho Universidad Complutense*, 1989.

REVEL, JANINE – *Les conventions entre époux desunis (contribuition à l´étude de la notion d´ordre public matrimonial)*, JCP, *La Semaine Juridique*, Anné 1982, Doctrine I, 3055.

SAVATIER, M.R. – *De la portée et de la valeur du principe de l´immutabilité des conventions matrimoniales*, RTDC, Année 1921, Tome vingtième, Paris, pág. 93.

SIMLER, PHILIPPE/WIEDERKEHR, GEORGES/STORCK, MICHEL/TISSERAND, ALICE – *Régimes matrimoniaux*, JCP, *La Semaine Juridique*, Doctrine, nº 38, Septembre 1997, 4047, págs. 380 a 390.

TERRÉ, FRANÇOIS/SIMLER, PHILIPPE – *Droit Civil, Les biens*, 4 ed., 1992, Dalloz.

VARELA, R. GARCÍA/POVEDA, P. GONZALEZ/GOÑI, M. LÓPEZ-MUÑIZ/ /CUESTA, I. S. GIL DE LA – *La ley del divorcio; experiencias de su aplicación*, 4ª ed., Colex, 1992.

ÍNDICE